장 자매의 영어 홈티칭

「이 도서의 국립중앙도서관 출판예정도서목록(CIP)은 서지정보유통지원시스템 홈페이지(http://seoji.nl.go.kr)와 국가자료공동목록시스템(http://www.nl.go.kr/kolisnet)에서 이용하실 수 있습니다.(CIP제어번호: CIP2017005375)」

장 자매의 영어 홈티칭
ⓒ장이분·장미경 2017

초판 1쇄 발행일 2017년 3월 24일

지은이 장이분·장미경
펴낸이 이정원

편집책임 선우미정
편집 이동하
디자인 이재희
마케팅 나다연·이광호
경영지원 김은주·박소희
제작 송세언
관리 구법모·엄철용

펴낸곳 도서출판 들녘
등록일자 1987년 12월 12일
등록번호 10-156
주소 경기도 파주시 회동길 198
전화 편집부 031-955-7385 마케팅 031-955-7378
팩시밀리 031-955-7393
홈페이지 www.ddd21.co.kr
페이스북 www.facebook.com/bluefield198

ISBN 979-11-5925-239-6(13740)

값은 뒤표지에 있습니다. 파본은 구입하신 곳에서 바꿔드립니다.

장 자매의
영어 홈티칭

장이분·장미경 지음

푸른들녘

 저자의 말

흔히들 우리나라 중고등학교 영어 교육을 문법·독해 위주의 주입식 교육이라고 말합니다. 초등학교에서도 영어 교육이 시행되고 있는 요즘, 그래서인지 몰라도 어린 자녀를 두신 학부모님들 중 대다수가 "초등학교 때까지는 흥미 위주로 원서를 많이 읽으면서 원어민 선생님으로부터 자연스럽게 영어에 노출되는 환경을 만들어주고 싶어요"라는 말씀을 많이 하십니다. 아무래도 중고등학교에 가면 학교 내신 성적 위주로 부모님들이 학생 때 공부하셨던 것처럼 영어는 문법과 단어를 외우고 교과서를 한 줄씩 해석해야 할 테니까요. 교육 정책과 학교 현장이 많이 바뀌었다고 하지만, 학교에 따라 선생님에 따라 여전히 그런 방식으로 영어 수업이 진행되는 경우가 현실적으로 비일비재합니다. 그런 방식이 좋다거나 나쁘다거나, 혹은 옳다거나 그르다고 판단하기에 앞서 부모님들이 바라는 것은 한결 같습니다. "현실이 그러니 어릴 때만이라도 시험 걱정, 문법 걱정, 단어 걱정 없이 우리 말 배우듯 영어를 부담 없이 배우게 하고 싶어요. 재미있게 배우면서 흥미를 유지하면, 나중에 커서 좀 지루하게 공부하게 되더라도 영어를 싫어하지 않을 수 있잖아요?" 하는 마음입니다.

그런데 과연 처음에 재미있게 배웠다고 나중에 재미없게 배울 때도 여전히 영어를 좋아할 수 있을까요? 오히려 전과 비교되어 더 재미없어지지 않을까요?

초등학교 때까지 해외 연수에, 영어 원서 과외에, 사립학교에서 소위 '최상위급' 사교육과 공교육을 받은 학생을 가르친 적이 있습니다. Youtube 영어 동영상은 흥미로 찾아 들을 수준이고, 해리포터 식 영국 영어를 구사해서 당장 외국에 유학을 나가도 영어 때문에 공부를 못 따라 갈 일은 없는 그런 학생이었어요. 그 학생이 영어책을 읽을 때면 듣는 제가 다 뿌듯했습니다. 그런 발음은 책이나 학교에서 배워서는 나올 수 없는 발음이었어요. 영어를 전공한 제가 앞으로 죽을 때까지 노력한다 해도 만들어낼 수 없는 발음이었습니다.

그런데 이 친구가 중학교에 가서 시험을 치렀는데 만점을 못 받은 거예요. 학군이 좋은 지역이긴 했지만, 그 학생 실력에 그런 문제를 틀린다는 것 자체가 말이 안 되는 상황이었습니다. 게다가 헷갈려 했습니다. "왜, 어디가 틀린 거지?" 하면서요.

저는 그때 깨달았습니다. "너무 다르구나. 지금까지 배운 방식과 중학교에서 요구하는 방식이 너무 달라서 적응이 필요하구나!" 하는 것을요. 그래서 다르게 가르쳤습니다. 내신 대비 식으로 문제 풀고 단어 외우고 본문 외우고 '주입식'으로 가르쳤습니다. 그 전에 그렇게 반짝반짝 빛나던, 제가 가질 수 없는 것을 가졌던 그 아이는 그렇게까지 빛나지는 않더군요.

물론 시간이 지나서 적응이 되면 그 학생이 가졌던 장점들이 다시 빛을 발할 겁니다. 적응 기간이 필요한 것이겠지요. 하지만, 그 적응이 아이들에게 그렇게 쉽지 않습니다. 최소 6개월에서 1년 이상의 시간이 걸리고, 그 과정에서 영어에 항상 자신이 있던 아이는 갑자기 영어에 위축감을 느끼고 심지어 두려워하기까지 합니다. 항상 즐기면서 잘하던 것인데 이제 점수로만 보자면 잘하는 과목이 아니니까요. 게다가 중학교 첫 시험 성적입니다. 학교에서 영어 잘하는 학생으로 각인될 수 있는 기회를 억울하게 빼앗기게 된 거예요. 이러한 박탈감을 아이가 과연 잘 딛고 일어날 수 있을까요? 결코 장담할 수 없습니다.

어쩌면 어릴 때 시험 걱정 없이 원어민처럼 영어를 배우게 해주고 싶은 것은 부모님 자신을 위한 마음인지도 모릅니다. 미안하고 안쓰러우니 지금이라도 풀어주고 싶은 것이지요. 그러나 자녀 교육에서 가장 위험한 것은 일관성이 없는 교육입니다. 나중에 고생하고 재미없을 테니 지금이라도 즐겁게 공부하라는 태도는 고생스러운 미래를 대비하는 데 실질적으로 큰 도움이 되지 않습니다. 오히려 나중의 고생이 더 큰 어려움으로 다가올 수 있어요. 유학이나 대안 교육을 통해 중고등학교 때까지 완전히 한국의 공교육 시스템에서 벗어나게 해주실 계획이 아니라면, 자녀들이 그 시스템에 적응할 수 있도록 대비해주셔야 합니다.

따라서 이 책은 어린 자녀들이 유초등기에 보다 즐겁게 영어 공부를 하면서도 중고등학교 영어 수업 및 더 나아가 대학입시 및 대학교육에 대비할 수 있는 영어 원서 학습법을 제시합니다.

유초등기 학생들의 영어 원서 읽기를 지도하면서 가장 놀라웠던 점은 책을 읽어 왔다고 하는데 내용을 물어보면 잘 모른다는 것이었습니다. 아무데나 펼쳐 놓고 이 문장을 해석해보라고 하면 더듬거리고, 이야기의 세부 사항을 물어보면 잘 기억을 못했습니다. 하지만 전체 내용은 대충 잘 압니다. 국어로 책 읽듯이 재미있는 부분은 더 기억이 잘 나기도 하고 책에 그림도 있고 하니 대충 두드려 맞추는 것이었죠. 원어민이 가르치는 영어 학원에서는 그렇게 읽어가도 레벨 테스트를 계속 통과하고 잘한다는 칭찬도 많이 듣습니다. 좀 더 어렵고 두꺼운 책으로 잘도 넘어갑니다.

왜 그럴까요? 한글을 배울 때는 그렇게 해도 됩니다. 책 읽을 때 빼고도 한글을 접할 기회가 무궁무진하니, 시간이 조금만 지나면 결국에는 그 단편적인 지식의 조각들이 맞춰져 한글이라는 언어의 체계가 잡혀가니까요. 원어민들에게 영어는 우리에게 한글입니다. 본인들이 그렇게 영어를 배웠으니 그게 아무 문제가 없는 것입니다. 하지만 우리 학생들에게 영어는 한글이 아닙니다. 그렇게 언젠가 체계가 잡힐 거라며 믿고 기다리기에는 영어를 접하고 쓸 기회가 절대적으로 부족합니다. 영어 원어민이 영어를 배운 식대로 한국 학생들이 영어를 배우면 절대 같은 효과가 나지 않습니다.

우리 학생들에게는 '많이 읽기'와 더불어 '정확하게 읽기'가 필요합니다. 많이 '읽기'만 하는 것이 아니라 그 과정 속에서 진정한 영어 구사 능력의 성장이 일어나도록 지식 습득과 활용이 뒤따르는 '많이 배우며 읽기'가 중요합니다. 이 책은 한 줄씩(line by line) 정확한 해석을 해보는 '정독'의 방식을 따릅니다. 정독을 통해 필수 단어 및 문법·구문도 짚고 넘어가고 이를 쓰기에 활용함으로써 단순히 이해가 아니라 용법을 익히고, 나아가 말하기와 직접적으로 연결되는 쓰기 교육의 기초까지 다집니다. 어릴 때야 영어로 말하는 것 자체가 기특한 일이겠지만, 나중에 공인 말하기 시험이나 학교 수행평가로 말하기를 할 때에는 '정확하게 말하기'가 더 중요합니다. 모국어와 달리 외국어는 정확히 쓸 줄 알면 자연스럽게 정확히 말하게 되니까요.

또한 영어 쓰기의 기본인 '읽기를 바탕으로 한 쓰기' 훈련을 위해 각 시리즈 별로 주요 영어 쓰기의 기술들을 원서를 통해 연습합니다. 이 책에서 선보일 첫 번째 쓰기 기술은 '요약하기(summary writing)'입니다. 학교에서 체계적인 글쓰기 지도가 부족한 우리 학생들에게 영어로 요약하기 활동은 영어 쓰기뿐만 아니라 국어 쓰기 능력 향상에도 도움이 될 것입니다.

『장 자매의 영어 홈티칭』은 학생들의 원어민 수업이나 학교·학원 수업에서 부족한 '정확하게 읽고 말하고 쓰기'에 대한 보충을 가정에서 해주실 수 있도록, 또한 부모님이 다른 도움 없이도 자녀들을 가정에서 직접 지도할 수 있도록 구성했습니다. 또한 일반적인 읽기, 쓰기 교재와 달리 모든 영어 문제의 우리말 해석은 물론 모범 답안과 해설 및 지도 가이드를 제공함으로써 자녀에게 과제를 내주고 부모님이 채점을 하거나 모범 답안을 보여주면서 손쉽게 지도하실 수 있게끔 구성했습니다. 학생들에게 필요한 정보 역시 모두 책 안에 포함되어 있으므로 "행여 어려운 질문을 해서 나를 곤란하게 만들면 어떡하지?" 하고 염려하실 필요도 없습니다.

한 가지, 양해를 부탁드릴 게 있어요. 이 책은 문법 교재가 아니므로 문법에 대한 긴 설명까지 포함하지 않습니다. 문법이 부족한 학생들에게는 이 책에 나오는 간략한 설명이 쉽게 이해되지 않을 수도 있습니다. 그런 경우, 책에 제시된 예문을 통해 대략적으로 이해하고 넘어가게 하시면 됩니다. 책 속에서 문법 요소들이 반복해서 등장하므로 진도를 따라가다 보면 이해가 부족했던 부분이 저절로 채워질 테니까요. 반면, 문법 지식이 풍부한 학생이라면 이 책을 사용함으로써 큰 효과를 볼 수 있을 것입니다.

이 책은 학생들에게는 '백설공주'로 잘 알려진 그림형제의 「Snow Drop」이야기를 지문으로 선택했습니다. 번역과 쓰기 활동이 어려운 만큼 지문은 친숙한 것으로 채택했습니다. 또한 원작 이야기를 현대적 관점에서 창의적으로 재해석한 영화와 연계하여 학습하는 'Connecting to Movies' 코너를 마련했습니다. 제시된 영화에는 미국 청소년의 삶과 학교 문화를 이해할 수 있는 여러 가지 요소가 학습하는 녹아들어 있으므로 영어 독서를 영미 문화권 이해를 위한 발판으로 활용할 수 있지요. 이러한 창의적 연계 활동은 중고등학교 수행평가 과제에 대비하는 단단한 밑거름이 될 것입니다.

아무리 유명하고 좋은 선생님이라 할지라도 부모님보다 더 자녀들을 잘 이해하고 아이에게 딱 맞는 꼼꼼한 가르침을 전해줄 수는 없습니다. 이 책으로 가정에서 자녀들의 실력을 직접 점검하고 학교나 학원 영어 수업을 보완해주세요. 그리고 최선을 다한 자녀에게 영화를 통해 잠시 쉬어가는 여유를 주고, 이야기와 영화에 대해 서로 소통하면서 영어에 대한 흥미도 높여주세요! 부디 이 책의 각 코너를 용도에 맞게 잘 활용하셔서 최상의 영어 교육 효과를 얻게 되시기를 기원합니다.

장이분, 장미경 드림

저자의 말 … 4

단원 구성 및 책 사용법 … 12

Before You Read Vocabulary | Topic preview

While You Read Words & phrases | More words | Translate for yourself | Give me a clue | Story inside you

Review Questions for detail | Grammar for writing

Project Writing(Summary Writing)

Connecting to Movie Compare & contrast | Think creatively | Culture inside

이 책의 수준 | 관련 정보

Snow Drop and the Evil Queen … 22
Before You Read | While You Read | Review | Summary Writing | Connecting to Movie

Snow Drop Lost in the Woods … 52
Before You Read | While You Read | Review | Summary Writing

Snow Drop Meets the Seven Dwarfs … 76
Before You Read | While You Read | Review | Summary Writing | Connecting to Movie

The Evil Queen's First Trick ⋯ 104
Before You Read | While You Read | Review | Summary Writing | Connecting to Movie

The Eveil Queen's Second Trick ⋯ 130
Before You Read | While You Read | Review | Summary Writing

The Evil Queen's Fatal Third Trick ⋯ 156
Before You Read | While You Read | Review | Summary Writing | Connecting to Movie

The Prince saves Snow Drop's life ⋯ 184
Before You Read | While You Read | Review | Summary Writing

Snow Drop's Marriage ⋯ 204
Before You Read | While You Read | Review | Summary Writing | Connecting to Movie

정답 및 해설 ⋯ 225
활용 안내 | Chapter 1 정답 및 해설 | Chapter 2 정답 및 해설 | Chapter 3 정답 및 해설 | Chapter 4 정답 및 해설 | Chapter 5 정답 및 해설 | Chapter 6 정답 및 해설 | Chapter 7 정답 및 해설 | Chapter 8 정답 및 해설

단원 구성 및 책 사용법

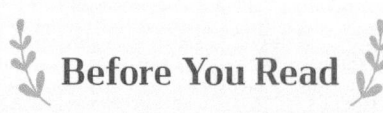

Before You Read

읽기 전 활동입니다. 필수 어휘를 제시하고 「Snow Drop」 이야기에 관한 흥미를 자극함으로써 상향식 세부 읽기 활동(bottom-up approach; 세부 사항 이해 → 전체 내용 파악)을 보완하기 위한 하향식 활동(top-down approach; 전체 내용 파악 → 세부 사항 이해)으로 구성되어 있습니다.

Vocabulary

Step 1 각 단원을 시작하기 전에 중요한 어휘 5~6가지의 의미를 예문과 그림 자료를 통해 유추하는 활동입니다.

Step 2 Step 1 활동을 통해 추측한 단어의 의미를 적고, 본문에 제시된 단어의 의미와 비교해봅니다.

Topic preview

Step 1 각 단원의 한 부분만을 빠르게 읽어서 내용을 미리 파악함으로써 '훑어 읽기(scanning)' 기술을 연습합니다.

Step 2 Step 1에서 파악한 내용을 자신의 경험과 연결지어보는 활동입니다. 앞으로 읽을 내용에 대한 흥미를 자극할 수 있는 질문에 답하다 보면 어느새 그 단원의 내용에 매력을 느끼게 됩니다.

While You Read

「Snow Drop」본문 읽기 활동입니다. 이야기의 내용을 문장 별로 정확하게 해석하고 관련 문법을 습득하는 훈련을 합니다.

▶ Words & phrases
「Snow Drop」이야기를 35개의 작은 본문으로 나누어 각 본문을 이해하는 데 필요한 단어들의 발음 기호와 의미를 보여줍니다(어구는 발음 기호가 제시되어 있지 않습니다). 번역 활동을 할 때 참고할 수 있는 사전과 같은 역할을 함으로써 가정에서 지도할 때 별도의 단어 지도 없이 학생들 스스로 읽기 활동을 수행할 수 있는 기반이 됩니다. 이 단계에서 〈Before You Read〉의 'vocabulary'에 제시되었던 단어가 나오면 학습자가 추측한 의미와 일치하는지 확인하는 과정을 꼭 거쳐주세요. 문맥을 통해 추측한 단어의 의미를 정확하게 확인하지 않으면 잘못된 의미가 고착화할 위험성이 있습니다.

▶ More words
'Words & phrases'에 제시되지 않은 본문 단어 중에 알고 싶은 단어들을 스스로 정리하는 코너입니다. 학생 개개인의 수준에 따라 나만의 영어 단어장을 만들 수 있습니다. 영어 사전을 활용해서 직접 의미를 찾아 적어보게 하세요.

▶ Translate for yourself
독자들이 '번역가'가 되어 각 본문당 2~3문장씩 우리말로 번역해보는 활동입니다.

'Words & phrases'와 'Give me a clue'에 제시된 정보를 가지고 스스로 번역하면서 스토리 파악 위주의 읽기가 아닌 세부 사항과 언어 표현 자체에 집중함으로써 쓰기 활동으로 연계할 수 있는 밑바탕이 됩니다.

▶ Give me a clue

문장 이해에 필요할 뿐만 아니라 중등 및 고등 영어 학습에 필수적인 주요 문장 구조와 문법이 설명되어 있습니다. 문법서가 아니기 때문에 자세한 문법 설명은 피했지만, 예문을 통해 의미와 용법을 쉽게 파악하고 번역 활동에 활용할 수 있도록 구성했습니다.

▶ Story inside you

하나의 본문을 읽고 난 뒤 독자들에게 직접 생각해볼 거리를 제시하는 코너입니다. 'Give me a clue'에서 학습한 문장 구조를 활용하여 자신의 생각을 영어 문장으로 표현할 수 있는 질문이 제시됩니다. 이야기 속 사건과 주인공의 행동을 보고 무엇을 느꼈는지, 혹은 비슷한 경험을 해본 적이 있는지에 대해 자유롭게 써보는 활동입니다(free writing).

읽기 후 활동입니다. 주요 읽기 활동을 통해 이해한 내용을 확인하고 영어 작문에 활용한 어휘 및 문법을 실제 글쓰기에 적용해보는 코너입니다. 'Questions for detail', 'Grammar for writing' 두 부분으로 구성됩니다.

🪶 Questions for detail

이야기의 세부 사항을 영어로 답하는 활동입니다. 본문 내용의 이해도를 꼼꼼하게 확인해볼 수 있는 문항으로 구성되어 있습니다. 이 단계에서 〈Before you read〉의 'Topic preview'에서 훑어 읽기(scanning)를 통해 학습자가 추측한 본문 내용이 맞았는지 확인해보세요. 훑어 읽기는 단편적인 정보를 빠르게 수집하여 전체 내용을 추측해보는 기술이므로 학습자의 추측이 맞았는지 확인하는 절차가 반드시 필요합니다.

🪶 Grammar for writing

'Give me a clue'에서 이해한 문장 구조와 문법 사항을 실제로 쓰기에 적용해보는 활동입니다. 읽기가 내용을 '수용(receptive)'하는 활동이었다면, 쓰기는 '산출(productive)'하는 활동으로서 두 활동이 서로를 보완할 수 있도록 유도합니다.

「Snow Drop」편의 글쓰기 프로젝트는 '요약하기(summary writing)'입니다. 각 단원별로, 나중에는 이야기 전체를 요약함으로써, 영어로 글쓰기의 필수 기술인 요약하기의 개념과 필수 기술을 습득하고 활용합니다.

Connecting to Movie

「Snow Drop」을 현대를 배경으로 재미있게 각색한 영화 「Sydney White」와 비교, 대조함으로써 이야기에 대한 이해도를 높이고 영어권 문화에 대한 감수성을 기릅니다. 영화를 한꺼번에 시청하지 마시고 책의 진도에 따라 정해진 분량을 나누어서 시청하고 이야기와 영화에 대해서 충분히 대화하는 시간을 가지세요. 한꺼번에 영화를 볼 때보다 나누어서 볼 때 자녀의 학습 동기와 상상력을 훨씬 더 효과적으로 자극할 수 있습니다.

Compare & contrast

「Snow Drop」 이야기를 영화 「Sydney White」와 비교, 대조하는 활동으로 등장인물과 사건 위주로 이해도를 높일 수 있습니다.

Think creatively

비교, 대조 활동을 기반으로 이야기와 영화를 비판적, 창의적인 시각으로 바라볼 수 있는 질문이 제시되어 있습니다. 자유롭게 자신의 의견을 말함으로써 사고력을 기를 수 있습니다.

Culture inside

영화에 녹아들어 있는 영미 문화권 요소들에 대해 자세하게 알아보고 한국 문화와 비교해보는 활동으로 문화적 감수성을 기를 수 있는 기회를 제공합니다.

◈ 책의 수준

영어 원서들은 각 책이 어느 정도의 읽기 능력을 지닌 독자에게 적합한지를 나타내주는 척도를 제시합니다. 가장 보편적인 척도가 렉사일(Lexile) 지수로, 학습자가 의미를 알고 있는 단어의 개수로 나타냅니다. 즉, 한 학생의 렉사일 지수가 300L이라면 이 학생은 300개의 영어 단어의 의미를 정확하게 알고 있는 것입니다. 영어 원어민 학습자의 나이와 학년에 따른 렉사일 지수는 다음의 표와 같습니다.

나이	학년 (미국)	Lexile Level
5	1(초등 1)	최대 280L
6	2(초등 2)	280L~580L
7	3(초등 3)	360L~720L
8	4(초등 4)	480L~830L
9	5(초등 5)	620L~950L
10	6(중등 1)	690L~1020L
11	7(중등 2)	780L~1090L
12	8(중등 3)	820L~1140L
13	9(고등 1)	880L~1170L
14	10(고등 2)	920L~1200L
15	11(고등 3)	940L~1210L
16	12(고등 4)	950L~1220L

* 렉사일 지수를 개발한 MetaMetrics©에서 2009년 미국 상위 50% 학생을 대상으로 측정한 학년에 따른 렉사일 지수임

한국 영어 학습자의 경우에는 위의 표를 기준으로 자신의 나이에서 4~5살 정도(자신이 영어를 처음 배우기 시작한 나이)를 빼고 렉사일 지수를 파악하시면 됩니다. 보다 정확한 측정을 원하신다면 MetaMetrics© 홈페이지에서 제공하는 유료 검사를 받아

보세요. (www.metametricsinc.com)

    이 책의 렉사일 지수는 각 본문을 기준으로 최소 460L, 최대 990L에 해당합니다. 미국의 7~11살 아이들의 수준에 맞는 책으로 평균 한국의 초등학교 고학년 영어 학습자들에게 좀 어려울 수 있는 수준입니다. 본문의 읽기 수준뿐만 아니라 이 책의 다양한 번역 및 쓰기 활동의 수준을 감안한다면, 영어에 흥미가 있고 영어 실력이 준수한 초등학교 고학년 영어 학습자들에게는 이 책의 수준이 적당할 수 있고, 중학교 1~2학년 학생들도 번역이나 영어 글쓰기에 익숙하지 않은 경우에는 큰 효과를 볼 수 있는 수준입니다. 조기 교육을 통해 영어를 일찍 접한 학생들의 경우, 초등학교 3~4학년 학생들도 도전해볼 수 있습니다. 초등학교 저학년 학생의 경우, 영어 읽기에는 문제가 없더라도 영한 및 한영 번역과 영어 글쓰기에 필요한 충분한 한글 지식이 있는지 꼭 파악해 주세요.

    가장 좋은 방법은 자녀들에게 직접 책을 보여주시고 본문 내용을 대략적으로 이해할 수 있는지 물어보는 것입니다. 정확하게 해석하지 못하더라도 각 본문의 내용을 50% 이상 이해할 수 있다면 이 책을 사용하셔도 좋습니다. 이 책의 집필 목적이 쉬운 책을 '많이 읽기'가 아니라 적절한 수준의 책을 '배우며 읽기'이므로, 이 책의 수준이 학생의 수준과 잘 맞는지 확인해보시는 것이 가장 중요합니다.

    이 책의 35개 본문은 각각 평균 7~80개 단어로 이루어져 있는데, 그중 학습자들이 모를 만한 단어는 10% 정도에 해당하고, 'Words & phrases' 코너에 학생들이 어려워할 만한 단어의 뜻을 모두 제시해놓았습니다. 만약 학생이 제시된 단어들을 보고서도 지문에 모르는 단어가 5개 이상 있는 경우, 'More words'에 모르는 단어들을 기록하고, 따로 암기하면서 진도를 나가면 큰 무리 없이 이 책을 소화할 수 있습니다.

단어 암기 지도 시에는 단어의 스펠링, 발음, 뜻을 모두 확인하셔서 단어를 영어로 불러주시고 학생이 철자와 뜻을 쓸 수 있게 지도해주시면 됩니다. 영어 발음에 자신이 없으신 학부모님의 경우, 온라인 영어사전을 이용해서 자녀와 함께 원어민 발음을 확인하고 따라 읽어보는 활동을 통해 정확하게 단어를 발음할 수 있도록 지도해주시기 바랍니다.

◆ 관련 정보

◆「Snow Drop」소개
「Snow Drop」은 'Snow White'라는 제목의 19세기 독일 동화로 잘 알려져 있습니다. 그림형제(Jacob & Wilhelm Grimm)는 『Grimms' Fairy Tales』(그림형제의 동화 모음집)의 1812년 첫 번째 판본에 53번째 이야기로 이 작품을 처음 출판하였고, 1854년에 'Little Snow White'라는 제목으로 개정 출판하였습니다(출처: 위키피디아). 이 책에서 사용한 「Snow Drop」은 Gutenberg project(인터넷에 전자화된 문서를 저장해놓고 누구나 저작권에 구애 받지 않고 무료로 책을 받아 읽을 수 있는 가상 도서관)에 탑재된 도서인 『Snowdrop and Other Stories』(2011)에 실린 'Snow Drop'을 원문으로 사용했습니다. 해당 원문은 아래의 주소에서 무료로 다운로드 받아 읽을 수 있습니다. 이 원문에 언급되지 않은 일곱 난쟁이의 이름과 특징은 월트 디즈니 사의 1937년 영화, 「Snow White and the Seven Dwarfs」에서 차용하여 이 책에 사용했습니다(https://www.gutenberg.org/files/37381/37381-h/37381-h.htm).

◆「Snow Drop」작가 소개
그림형제는 제이콥 그림(Jacob Grimm, 1785~1863)과 빌헬름 그림(Wilhelm Grimm, 1786~1859)으로 독일의 철학자, 문화 연구가, 언어학자이자 19세기 동안 유럽에 존재하던 다양한 전래 동화를 수집하여 전문적으로 동화를 집필한 작가입니다. 대표작으로는 「신데렐라Cinderella」, 「개구리 왕자The Frog Prince」, 「거위 치는 소녀The Goose-Girl」, 「헨젤과 그레텔Hansel and Gretel」, 「라푼젤Rapunzel」, 「럼펠스틸트스킨Rumpelstiltskin」, 「잠자는 숲속의 미녀Sleeping Beauty」, 그리고 「백설공주Snow White」

등이 있습니다(출처: 위키피디아).

◆ 등장인물 소개

Snow Drop : 눈송이처럼 흰 피부에 새까만 머리칼과 빨간 두 볼을 가져 '눈송이 공주'라고 불리는 아름다운 소녀. 어렸을 때 어머니를 여의는 아픔을 겪는다.

The (New) Queen : 눈송이 공주의 아버지와 재혼한 새 왕비로, 마법 거울이 눈송이 공주가 세상에서 제일 아름답다고 하자 그녀를 없애고 세상에서 가장 아름다운 사람이 되기 위해 온갖 흉악한 짓을 일삼는다.

The Huntsman : 눈송이를 죽이고 그녀의 간과 폐를 가져오라는 새 왕비의 끔찍한 명령을 받은 사냥꾼이다.

Seven dwarfs : 눈송이 공주가 숲속에서 길을 헤매다 들어간 집의 주인들. 갈 곳 없는 눈송이를 받아주고, 그녀를 사악한 새 왕비로부터 지켜주려고 노력한다.

The Prince : 투명 유리관에 누워 있는 눈송이 공주의 아름다운 모습을 보고 첫눈에 반하여 사랑에 빠지는 이웃나라 왕자다.

◆ 영화 소개

「Snow Drop」을 소재로 한 영화「Sydney White and the Seven Dorks」(시드니 화이트와 일곱 괴짜들)는 2007년 미국에서 개봉한 십대 로맨틱 코미디물입니다. 감독은 Joe Nussbaum, 시나리오 작가는 Chad Gomez Creasey로,「Snow White」를 현대적으로 재해석한 작품입니다. 주연 배우는 Amanda Bynes(시드니 화이트 역), Sara Paxton(레이첼 위치번 역), 그리고 Matt Long(타일러 프린스 역)입니다(출처: 위키피디아).

Chapter 1

Snow Drop and the Evil Queen

1단원 ◆ 눈송이 공주와 사악한 왕비

학습 목표

1. 읽기 & 번역하기
- 동사 A + 동사 B~ing : B하면서 A하다
- so 형용사/부사 that : 너무나 ~해서 ~하다
- if only 과거형/had p.p. 형 : ~라면 좋을 텐데/좋았을 텐데
- be+p.p. : ~하게 되다, ~당하다
- as 형용사 as : ~만큼 ~한
- 형용사 + ~er than / more 형용사 than : ~보다 ~한
- the 형용사 + ~est / most 형용사 : 가장 ~한

2. 요약하는 글쓰기
- 요약하기란?
- 1단원 주요 사건 정하기

3. 영화로 보는 눈송이 공주 이야기
- 시드니의 새로운 대학생활

1단원 학습 목표 가이드

1단원 본문에 자주 나오는 so~that 구문과 비교급·최상급 문법을 마스터합니다. 요약하는 글쓰기의 기본 개념을 이해하고 요약에 필요한 주요 사건을 선택하고 배열하는 방법을 익힙니다.

Before You Read

➽ Vocabulary

Step 1 Match each sentence to the picture that best describes it.

❶ She pricked her finger on a needle.

❷ Her cheeks turn red when she is shy.

❸ He cried because the pain was too great to endure.

❹ She won the 1st prize; she surpassed all her classmates.

❺ He was mad with jealousy after seeing his girlfriend talking to another guy.

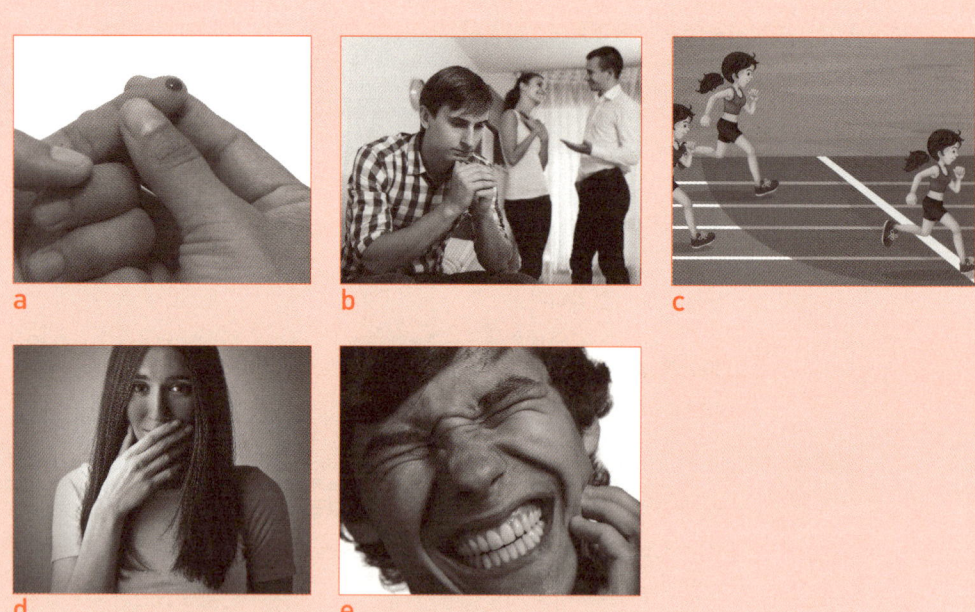

a

b

c

d

e

Step 2 Now, find out the meanings of the words in red from the sentences in step 1. Write each word's meaning in Korean. Share your answers with friends.

❶ prick :

❷ cheek :

❸ endure :

❹ surpass :

❺ jealousy :

▶ Topic preview

Step 1 Pick one beautiful friend of yours and write three things that make him or her beautiful. Use the following example.

e.g. My friend Jisu is beautiful because she has kind heart, warm smile and white skin.

| My friend _____ is beautiful because he/she has _____ . |

Step 2 Read part 2 quickly. Did Snow Drop have the same beautiful things your friend has? Or did she have different things? Talk with friends.

| Snow Drop had (the same/different) beautiful things compared to my friend. She had _____ . |

While You Read

Reading
1

It was the middle of winter. The snowflakes were falling from the sky like feathers. Now, a Queen sat sewing at a black ebony window frame. As she sewed, she looked out upon the snow. Suddenly she pricked her finger and three drops of blood fell on to the snow. 850L

➡ Words & phrases

snowflake [snoufleik] 눈송이

feather [féðər] 깃털

sew [sou] 바느질하다

ebony [ébəni] 흑단, 까만 나무

window frame 창틀

prick [prik] (바늘 따위로) 찌르다

➡ More words

Words	Meaning	Words	Meaning

▸ Translate for yourself

Translate the following English sentences into Korean.

❶ It was the middle of winter.

――――――――――――――――――――――――――――― .

❷ Now, a Queen sat sewing at a black ebony window frame.

――――――――――――――――――――――――――――― .

▸ Give me a clue

Mom was in the middle of something when I got home.

→ 내가 집에 왔을 때 어머니는 한창 뭔가를 하는 중이셨어요.

★ in the middle of + 명사/동사~ing : 한창 ~ 하는 중이다 ~중인

Ben read "Snow Drop" eating pizza.

→ Ben은 피자를 먹으면서 "눈송이 공주"를 읽었어요.

★ 동사 A + 동사 B~ing : B 하면서 A 하다

▸ Story inside you

What is your favorite thing to do in the middle of winter? Why?

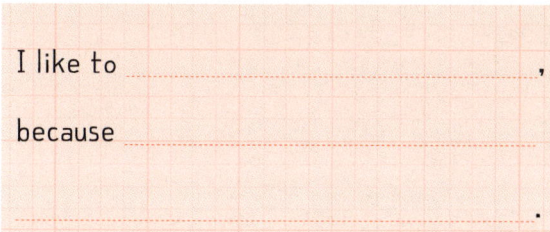

Reading

The red looked so lovely on the white that she thought to herself: 'If only I had a child as white as snow and as red as blood, and as black as the wood of the window frame!' Soon after, she had a daughter, whose hair was black as ebony, while her cheeks were red as blood, and her skin as white as snow. So she was called Snow Drop. 900L

▶ Words & phrases

lovely [lʌ́vli] 사랑스러운

think to oneself 속으로 생각하다

wood [wud] 나무, 숲

cheek [tʃiːk] 볼, 뺨

Snow Drop 눈송이 공주

Words	Meaning	Words	Meaning

▶ Translate for yourself

Translate the following English sentences into Korean.

❶ The red looked so lovely on the white that she thought to herself:

_____ .

❷ If only I had a child as white as snow.

_____ .

❸ Soon after, she had a daughter, whose hair was black as ebony.

_____ .

▶ Give me a clue

My sister is so white that her friends call her a ghost for fun.

→ 내 여동생은 너무 하얘서 친구들이 장난으로 유령이라고 불러요.

★ so 형용사 that : 너무 ~해서 ~하다

If only I were (had been) as tall as my best friend.

→ 내가 나의 가장 친한 친구만큼 크다면(컸다면) 좋을 텐데(좋았을 텐데).

★ if only 동사의 과거형/had p.p.(과거완료) : ~하다면 좋을 텐데 / ~했다면 좋았을 텐데

★ A as 형용사 as B : A가 B만큼 ~한

I have a pet hamster, whose name is Coco.

→ 나에게는 애완용 햄스터가 한 마리 있는데, 그 이름은 코코예요.

★ I have a pet hamster + His name is Coco

: 두 문장을 하나로 연결할 때 뒷문장의 겹치는 부분이 소유격이면 이를 대신해 관계대명사 whose를 사용합니다.

▶ Story inside you

Write out what you wish for your birthday.

If only _____

_____

_____ on my birthday.

Reading 3

When the child was born, unfortunately, the Queen died. A year after, the King took another wife. She was a beautiful but proud woman. She could not endure that anyone is more beautiful than herself. She had a magic looking-glass. When she stood before it looking at herself, she used to say:
'Mirror, Mirror on the wall, Who is the fairest of us all?' 600L

▶ Words & phrases

unfortunately [ʌnfɔ́ːrtʃənitli] 불행하게도

another [ənʌ́ðər] 다른 하나의

proud [praud] 거만한, 자랑스러워하는

endure [endjúər] 견디다, 인정하다

looking-glass 유리 거울

mirror [mírər] 거울

fair [fɛər] (여자가) 아름다운

▶ More words

Words	Meaning	Words	Meaning

➡ Translate for yourself

Translate the following English sentences into Korean.

❶ She could not endure that anyone is more beautiful than herself.

．

❷ When she stood before it looking at herself, she used to say:

．

❸ Who is the fairest of us all?

．

➡ Give me a clue

This blue dress is prettier/more beautiful than the pink one.

→ 이 하늘색 드레스가 분홍색 드레스보다 더 예쁘다.

★ 형용사 + er than A : A보다 더 ~한

★ 형용사가 3음절 이상으로 길면 more + 형용사로 씁니다.

I used to say to Dad, "You are the best!"

→ 나는 아빠에게 "아빠가 최고야!"라고 말하곤 했어요.

★ used to + 동사원형 : ~ 하곤 했다(지금은 더 이상 하지 않는다)

Jessie is the fastest/the most beautiful in the class.

→Jessie가 우리 반에서 제일 빨라요/제일 예뻐요.

★ the 형용사 + est : 가장 ~한

★ 형용사가 3음절 이상으로 길면 most + 형용사로 씁니다.

▶ Story inside you

What is the happiest moment in your life?

I was ....

when ....

Reading 4

Then the Glass answered,
"Queen, you are the fairest of them all."
She was satisfied because she knew that the Looking-glass spoke the truth.
Snow Drop became more and more beautiful as she grew up, so that her beauty surpassed the Queen's. Once, when the Queen asked her Glass,
"Mirror, Mirror on the wall,
Who is the fairest of us all?"
it answered—
"Queen, you are the fairest here.
But Snow Drop is fairer a thousand times." 930L

▶ Words & phrases

satisfy [sǽtisfài] 만족시키다

spoke [spouk] speak (말하다) 과거

truth [truːθ] 진실

grew [gruː] grow (자라다) 과거

beauty [bjúːti] 아름다움

surpass [sərpǽs] ~보다 낫다, ~를 능가하다

thousand [θáuzənd] 천(1,000)

▶ More words

Words	Meaning	Words	Meaning

▸ Translate for yourself

Translate the following English sentences into Korean.

❶ She was satisfied because she knew that the Looking-glass spoke the truth.

....

❷ Snow Drop became more and more beautiful as she grew up, so that her beauty surpassed the Queen's.

....

❸ But Snow Drop is fairer a thousand times.

....

▸ Give me a clue

I am satisfied with the test result because I did my best.

→ 나는 최선을 다했기 때문에 시험 결과에 만족해요.

★ be satisfied (with~) : (~에) 만족하다

It started raining this morning, so that we delayed our picnic.

→ 오늘 아침에 비가 오기 시작해서 우리는 소풍을 미뤘어요.

★ A, so that B : A 하다, 그래서 B 하다

Your happiness is more important a thousand times.

→ 너의 행복이 천 배는 더 중요하단다.

★ ~ times : ~배 (두 배 : twice)

▶ Story inside you

Complete the following sentence.

```
I forgot to bring my homework from home,
so that _____
_____.
```

Reading

The Queen was shocked, and turned green with jealousy. Since then, whenever she saw Snow Drop, her heart was broken. She hated the little girl and the envy of her heart grew like a weed, so that she had rest neither day nor night. At last, she called a Huntsman and said: 'Take the child out into the wood. I will not set eyes on her again. You must kill her and bring me her lungs and liver as tokens.' 660L

➜ Words & phrases

shock [ʃɔk] 충격을 주다, 놀라게 하다

jealousy [dʒéləsi] 질투심

since [sins] 그 후 (지금까지)

whenever [hwenévər] ~ 할 때마다

heart [hɑːrt] 마음, 심장

broken [bróukən] break(부수다)의 과거분사, 부서진, 낙담한

hate [heit] 미워하다

envy [énvi] 질투, 부러움

weed [wiːd] 잡초

rest [rest] 평안, 휴식

at last 마침내

huntsman [hʌntsmən] 사냥꾼

wood [wud] 나무, 숲

lung [lʌŋ] 폐

liver [lívər] 간

token [tóukən] 징표

▶ More words

Words	Meaning	Words	Meaning

▶ Translate for yourself

Translate the following English sentences into Korean.

❶ Since then, whenever she saw Snow Drop, her heart was broken.

_____ .

❷ She hated the little girl and the envy of her heart grew like a weed, so that she had rest neither day nor night.

_____ .

❸ I will not set eyes on her again.

_____ .

▶ Give me a clue

Snow Drop's beauty broke my heart.

= My heart was broken (by Snow Drop's beauty).

→ 눈송이 공주의 아름다움이 나의 마음을 상하게 했어요.

= 나의 마음은 눈송이 공주의 아름다움에 의해 상하게 되었어요.

★ be p.p.(과거분사) : ~하게 되다 / 당하다

She was neither surprised nor terrified by the horror movie.

→ 그녀는 그 공포 영화에 놀라지도 무서워하지도 않았다.

★ neither A nor B : A도 B도 아닌

He did not even set eyes on me.

→ 그는 심지어 나를 보지도 않았다 .

★ set eyes on~ : ~를 보다 / 만나다

▶▶ Story inside you

Describe when your heart was broken.

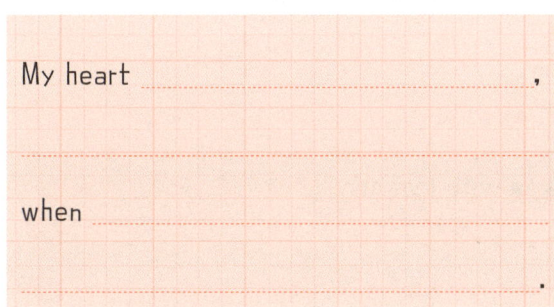

🪶 Questions for details

❶ How did Snow Drop's mother wish for a child who is white, red, and black?

--.

❷ Why did the King take another wife?

--.

❸ What could not the new Queen endure?

--.

❹ What is the magical power of the Queen's looking-glass?

--.

❺ Why was the Queen's heart broken with jealousy?

--.

❻ What did the Queen ask the Huntsman to do?

--.

Grammar for writing

Translate the following into English using the given expressions.

❶ 나는 과자를 먹으며 TV를 보고 있는 중이에요. (watch, snacks)

❷ 날씨가 너무 더워서 나는 에어컨을 켰어요. (hot, turn on, air conditioner)

❸ 내가 투명인간이라면 좋을 텐데! (invisible man)

❹ 하늘이 바다만큼 푸르러요. (blue, sea)

❺ 나는 곱슬머리라서 항상 빗질을 해요. (hair, curly, always, comb)

❻ 나의 책가방은 내 여동생보다 더 무거워요. (school bag, heavy)

_____.

❼ 이것이 세계에서 제일 얇은 노트북이에요. (laptop, thin, world)

_____.

❽ 동물들이 산길에서 종종 차에 치여요. (mountain road, often, animal, hit)

_____.

❾ 나는 사과도 원하지 않고, 오렌지도 원하지 않아요. (want / apple / orange)

_____.

Introduction

요약하기(summary)는 원래 글의 중요한 내용을 골라서 짧게 쓴 글을 말합니다. 글의 핵심 내용을 소개하거나, 그 글에 대한 감상문을 쓰거나, 또는 그 글을 이용하여 다른 글을 쓸 때 유용하게 사용됩니다. 요약하기는 여러분이 글의 내용을 잘 파악했는지 확인하게 해주기도 합니다. 어떤 글의 요약문을 잘 쓴다면 내용을 잘 이해한 것이고, 반대의 경우는 이해가 부족한 것이지요. 이렇게 여러모로 유용한 요약하기에 대해 자세히 알아보도록 합니다.

요약하기는 원래 글의 내용이나 종류를 바꾸는 것이 아니기 때문에, 원래 글의 형식에 맞게 씁니다. 이야기를 요약하면 이야기 형식의 요약문, 설명문을 요약하면 설명문 형식의 요약문이 됩니다. 우리는 "눈송이 공주"를 요약하므로 우리의 요약문은 이야기 형식이 됩니다.

요약하기에서 첫 번째로 할 일은 중요한 내용을 정하는 것입니다. 이야기에서 가장 중요한 내용은 가장 중요한 '사건' 입니다. 이야기에는 인물의 성격이나 심리 또는 배경에 대한 묘사도 나오지만, 이러한 세부사항은 중요한 사건과 직접적인 관련이 없다면 요약문에서는 뺍니다. 그러므로, 이야기를 요약할 때 첫 번째로 할 일은 "중요한 사건 (Main event)"을 정하는 일입니다.

두 번째로, 선택한 사건들을 발생한 순서대로 흐름에 맞게 배열합니다. 중요 사건은 기본적으로 6하 원칙에 따라, 누가 언제 어디서 무엇을 어떻게 왜 했는지 설명해야 하지만, 한 문장에 6하 원칙이 다 들어갈 필요는 없습니다. 주의할 점은, 사건들이 서로 연결되어야 한다는 점입니다. 예를 들어, 눈송이 공주 새어머니의 마법거울에 대한 소개도 없이, 새어머니가 거울의 말을 듣고 눈송이 공주를 죽이기로 했다고만 쓰면 읽는 사람은 '거울이 어떻게 말을 하지?'라는 의문을 갖게 됩니다. 요약된 사건들이 자연스럽게 연결되도록 필요한 배경설명을 해주어야 합니다.

요약문은 많이 짧아야 합니다. 정해진 바는 없지만, 보통 요약문은 원래 글의 10분의 1 정도 길이로 씁니다. 하지만, 필요에 따라서 더 짧아질 수도 더 길어질 수도 있습니다.

마지막으로, 요약하기에서는 원래 글을 베껴 쓰지 않습니다. 필요한 단어는 그대로 쓸 수 있지만 원래 글의 문장을 그대로 쓰면 안 됩니다.

Main events

❶ 다음의 20개의 문장 중 중요한 사건과 배경 지식에 해당되는 문장 14개만 선택하고, 이것들을 일어난 순서대로 배열해보세요.

1. 눈송이 공주의 새어머니는 아름다운 여자였습니다.
2. 눈송이 공주의 어머니는 바느질을 하다가 손가락이 찔렸습니다.
3. 새 여왕의 질투는 잡초처럼 자라났습니다.
4. 새 여왕은 진실을 말하는 마법 거울을 갖고 있었습니다.
5. 눈송이 공주의 어머니는 눈과 같이 희고, 피와 같이 붉으며, 창틀과 같이 검은 아름다운 아이를 갖기 원했습니다.
6. 눈송이 공주의 아버지는 새 여왕을 얻었습니다.
7. 하루는, 새 여왕의 마법거울은 눈송이 공주가 세상에서 가장 예쁘다고 대답했습니다.
8. 새 여왕의 마법거울은 새 여왕이 세상에서 가장 예쁘다고 대답하곤 했습니다.

9. 눈송이 공주의 어머니는 눈송이 공주를 낳다가 돌아가셨습니다.
10. 새 여왕은 사냥꾼에게 눈송이 공주를 죽이고 그 증표를 가져오라고 했습니다.
11. 새 여왕은 눈송이 공주가 자신보다 예쁘다는 사실에 화가 나서 견딜 수 없었습니다.
12. 눈송이 공주의 어머니는 창가에 앉아 바느질을 하고 있었습니다.
13. 한 겨울에, 눈이 하늘에서 깃털처럼 내리고 있었습니다.
14. 눈송이 공주 어머니는 핏방울이 눈 위에 떨어진 것을 보았습니다.
15. 눈송이 공주는 어머니의 바람대로 아름다웠고, Snow Drop 이라고 불렸습니다.
16. 새 여왕은 "눈송이 공주를 숲으로 데려가라"고 말했습니다.
17. 새 여왕은 마법 거울에게 세상에서 누가 가장 예쁘냐고 묻곤 했습니다.
18. 마법 거울은 "여기서는 여왕님이 제일 예쁘십니다" 라고 대답했습니다.
19. 눈송이 공주는 자라면서 새 여왕보다 더 예뻐졌습니다.
20. 새 여왕은 사냥꾼에게 눈송이 공주의 폐와 간을 가져오라고 명령했습니다.

( ) - ( ) - ( ) - ( ) - ( ) - ( ) - ( ) - ( ) - ( ) -
( ) - ( ) - ( ) - ( ) - ( )

❷ 선택한 중요한 사건 중 한 문장으로 묶을 수 있는 내용은 합쳐서 전체 문장을 7~8 문장으로 줄여보세요.

( ) - ( ) - ( ) - ( ) - ( ) - ( ) - ( ) - ( )

 Summary

선택한 내용을 바탕으로 7~8문장의 요약문을 써봅니다.

「Sydney White」는 「Snow Drop(Snow White)」을 현대적으로 재해석한 영화입니다. 두 작품이 얼마나 비슷한지 함께 확인해볼까요?

「Snow Drop」 1단원의 Summary를 하고 나서, 「Sydney White」를 처음부터 40:00까지 보거나 아래의 영화 Summary를 읽어보세요.

Sydney's New Life in College

Sydney White is an 18-year-old girl whose mom died when she was 9. Sydney has been raised by her plumber father. When she finally gets into college (the same college her mom went to!), she determines to join the same sorority(special female student club in American colleges) her mom belonged to, the Kappas. The Kappas is run by the president of the school, Rachel Witchburn. Rachel gets mad about Sydney because Sydney gets into the school's online beauty ranking even though she is a freshman and Rachel has been the Queen of the ranking. Finally, Rachel kicks out of Sydney from the Kappa dorm because of jealousy.

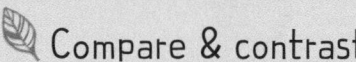
Compare & contrast

두 작품을 비교, 대조하여 아래의 빈칸을 채워보세요.

	Questions	Snow Drop	Sydney White
1	Heroin	The Princess	A college freshman
2	Mother	The Queen	The Kappa sorority member
3	What happened to mother?	Died when she was born	
4	Father	The King	
5	Hater of the heroin	The new Queen	

6	The reason of hate	The Glass said that Snow Drop was more beautiful than the new Queen.	
7	What did the hater do to the heroin?	The new Queen asked a Huntsman to kill Snow Drop and bring her lung and liver.	

 Think creatively

1. 위의 Compare & contrast 표를 참고해서, 「Snow Drop」과 비교했을 때 「Sydney White」에서 가장 재미있게 바뀐 설정은 무엇인가요? 왜 그렇게 생각했나요?

2. 「Snow Drop」의 the magic looking-glass와 「Sydney White」의 the school's online beauty ranking의 공통점과 차이점은 무엇인가요?

Culture inside

「Sydney White」에는 우리에게는 생소한 sorority와 fraternity가 나옵니다. sorority와 fraternity는 각각 대학에 있는 여학생 클럽과 남학생 클럽을 가리킵니다. 유럽에도 있지만 주로 미국과 캐나다의 대학에서 흔히 찾아볼 수 있어요. sorority와 fraternity는 1) 비공개 2) 성별의 철저한 분리 3) 선배가 주도하는 엄격한 심사를 통한 신입생 선발 3) 클럽 멤버들은 클럽 기숙사에서 거주 4) 그리스 문자를 이용한 클럽 이름 5) 봉사활동을 비롯한 다양한 사회공헌 활동 참여 등의 특징들을 가지고 있어요. 영화에서 시드니는 돌아가신 엄마가 활동했던 Kappas에 들어가서 Kappa Legacy(카파의 전통)을 이으려고 하죠.

한국의 학교에도 여학생 클럽이나 남학생 클럽 같은 특별하고 비밀스런 학생 집단이 있나요? 자신이 알고 있는 것이나 직접 경험한 것을 이야기해보세요.

Chapter 2

Snow Drop Lost in the Woods

2단원 ◆ 숲속에서 길을 잃은 눈송이 공주

학습 목표

1. 읽기 & 번역하기
- was/were + ~ing : ~을 하는 중이었다
- as though/if + 동사의 과거형/had+p.p. : 마치 ~한/~했던 것처럼
- had p.p. : 대과거 / 과거완료
- 사람 주어 + be 동사 + p.p. : ~하게 되다
- 사물 주어 + be 동사+ ~ing : ~하게 하다
- 부사구 + 동사 + 주어 : 부사구 강조를 위한 주어 동사의 자리 바꿈

2. 요약하는 글쓰기
- 주어진 단서를 이용해 주요 사건 정하기 연습
- 주요 사건을 바탕으로 2단원 요약문 쓰기

2단원 학습 목표 가이드

과거완료의 기본 개념을 이해하고 주어에 따른 능동·수동 표현 및 강조 구문 관련 문법을 익힙니다. 직접 본문의 주요 사건을 정리하고, 이를 바탕으로 직접 요약문을 쓰는 연습을 해봅니다.

Before You Read

➤ Vocabulary

Step 1 Match each sentence to the picture that best describes it.

❶ The police officer stopped him because he didn't obey the traffic law.

❷ She devoured fried chicken and had a stomachache.

❸ He pierced another hole in his belt because he got too slim.

❹ The living room is very neat after my brother cleaned it.

❺ This shirt does not suit me. Can I try a bigger one?

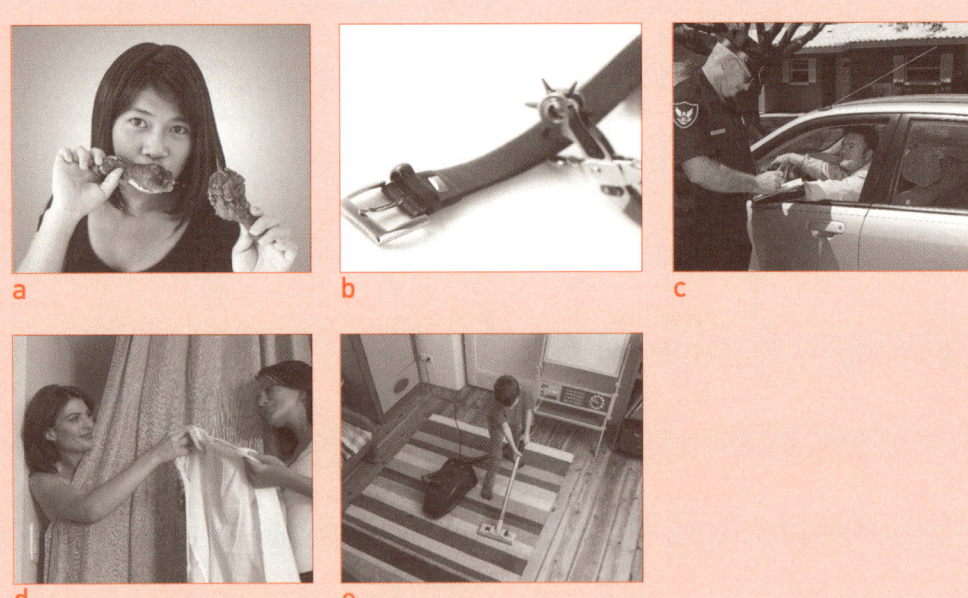

Step 2 Now, find out the meanings of the words in red from the sentences in step 1. Write each word's meaning in Korean. Share your answers with friends.

❶ obey :

❷ devour :

❸ pierce :

❹ neat :

❺ suit :

Topic preview

Step 1 Have you ever been left alone in a strange place? What did you feel? Write about it using the following example.

e.g. I was left alone in a campsite when I was six. I was so scared.

I was left alone in _____ when I was _____.
I was _____.

Step 2 Read part 8 quickly. What did Snow Drop feel when she was left alone in the forest? Compare your feeling with hers. Talk with friends.

Snow Drop felt _____ when she was left alone in the forest. She had (the same / a different) feeling compared to mine.

While You Read

Reading
6

The Huntsman obeyed, and took Snow Drop out into the forest. However, when he drew his hunting-knife and was preparing to plunge it into her innocent heart, she began to cry: 'Alas! dear Huntsman, spare my life. I will run away into the wild forest and never come back again.' Because of her beauty, the Huntsman had pity on her. 910L

▶ Words & phrases

obey [oubéi] ~에 따르다, 복종하다

drew [druː] draw의 과거형(draw: ~을 잡아 뽑다)

plunge [plʌndʒ] 찌르다, 던져 넣다

innocent [ínəsnt] 순결한, 순진한, 죄가 없는

Alas [əlǽs, əláːs] 아아! (슬픔, 근심을 나타내는 감탄사)

dear [diər] 여보세요, 친애하는

spare [spɛər] 아끼다, 목숨을 살려주다

wild [waild] 야생의, 사나운

pity [píti] 불쌍히 여김, 동정

More words

Words	Meaning		Words	Meaning

Translate for yourself

Translate the following English sentences into Korean.

❶ When he drew his hunting-knife and was preparing to plunge it into her innocent heart,

....

....

❷ Because of her beauty, the Huntsman had pity on her.

....

Give me a clue

Dad was cooking breakfast when I woke up last Sunday.

→ 지난주 일요일에 일어났을 때, 아빠는 아침식사를 요리하는 중이셨어요.

★ was/were + ~ing : ~을 하는 중이었다(과거진행)

Because of my younger sister, I ruined my science project.

→ 내 여동생 때문에, 나는 과학 숙제를 망쳤어요.

★ because of + 명사 / ~ing : ~ 때문에

(비교: because 주어 + 동사 : ~ 때문에

Because my younger sister stepped on my work, I ruined my science project. → 여동생이 내 작품을 밟았기 때문에, 나는 과학 숙제를 망쳤다.)

I have pity on the young kids in Africa dying for hunger.

→ 나는 배고픔으로 죽어가는 아프리카 어린이들을 딱하게 여긴다.

★ have pity on~ : ~을 딱하게 여기다

➡ Story inside you

On whom or what did you have pity? Why?

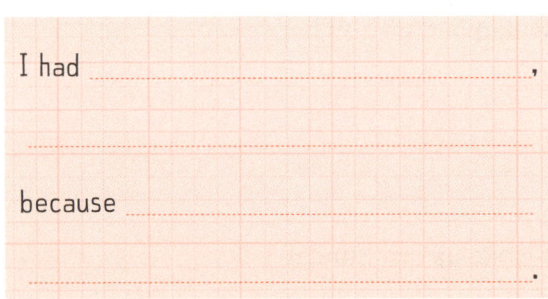

Reading ⑦

The Huntsman said, 'Run away, poor child.', thinking 'Wild beasts will soon devour you.' But he felt as though a burden lifted from his heart because he had not been obliged to kill her. At that moment, a young fawn came leaping by. He caught it and took the lungs and liver as tokens to the Queen. The Cook was ordered to serve them up, and the wicked Queen ate them thinking that they were Snow Drop's. `920L`

➤ Words & phrases

run away 도망가다

poor [puər] 불쌍한, 가난한

beast [biːst] 짐승

devour [diváuər] 먹어 치우다, 게걸스럽게 먹다

burden [bə́ːrdn] 부담, 괴로움

lift [lift] 들어 올리다, 치우다

oblige [əbláidʒ] ~에게 ~하도록 강요하다, 의무를 지우다

moment [móumənt] 순간

fawn [fɔːn] 새끼 사슴

leap [liːpt] 껑충 뛰다, 휙 달리다

order [ɔ́ːrdər] ~에게 명령하다

serve [səːrv] 음식을 차려내다, 시중을 들다

wicked [wíkid] 사악한

▶ More words

Words	Meaning	Words	Meaning

▶ Translate for yourself

Translate the following English sentences into Korean.

❶ He felt as though a burden lifted from his heart because he had not been obliged to kill her.

❷ At that moment, a young fawn came leaping by.

❸ The Cook was ordered to serve them up.

▶ Give me a clue

He is saying as though he saw/had seen a ghost.

→ 그는 마치 그가 유령을 본/봤던 것처럼 말하고 있다.

★ as though / if + 동사의 과거형 / had+p.p. : 마치 ~한/~했던 것처럼

I lost the wallet that my father had bought for me.

→ 나는 아빠가 사주신 지갑을 잃어버렸다.

★ 지갑을 읽어버린 일도 과거지만, 아빠가 지갑을 사주신 일은 그보다 더 오래된 과거의 일이기 때문에 대과거를 씁니다.

★ had p.p. : 대과거(과거의 어느 시점보다 더 오래된 과거를 나타냄) / 과거완료(더 오래된 과거에서 시작하여 과거의 어느 시점에 완료된 일을 나타냄)

I am obliged to report those who are late for class as a class captain.

→ 나는 반장으로서 수업에 늦은 학생들을 보고하라고 강요 받는다.

★ be obliged to + 동사 : ~하라고 강요 받다

▶ Story inside you

What are you obliged to do at home?

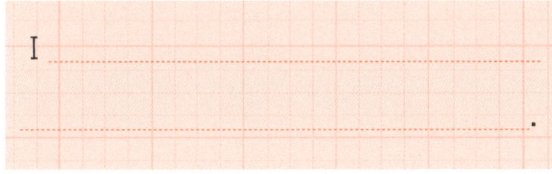

Reading
8

Now the poor child was alone in the great woods, with no living soul near. She was so frightened that she didn't know what to do. Then she began to run and ran over the sharp stones and through the brambles, while the animals passed her by without harming her. She ran as far as her feet could carry her till it was nearly evening. 910L

▶ Words & phrases

alone [əlóun] 홀로

woods [wudz] 숲

living [lívŋ] 살아 있는, 생명이 있는

soul [soul] 사람, 생명

frighten [fráitn] 두려워하게 하다

sharp [ʃɑːrp] 날카로운, 뾰족한

through [θruː] ~을 통하여

bramble [bræmbəl] 가시나무

harm [hɑːrm] 해치다, 해

carry [kǽri] 나르다, 데리고 가다

pass by ~을 지나가다

nearly [níərli] 거의, 대략

▶ More words

Words	Meaning	Words	Meaning

▶ Translate for yourself

Translate the following English sentences into Korean.

❶ She was so frightened that she didn't know what to do.

....

❷ The animals passed her by without harming her.

....

❸ She ran as far as her feet could carry her till it was nearly evening.

....

▶ Give me a clue

I was frightened by the horror movie. → 나는 그 공포영화에 겁을 먹었다.

The movie was frightening. → 그 영화는 겁을 먹게 한다.

★ 사람 주어 + be 동사 + p.p. : ~하게 되다(일시적 현상) / 사물 주어 + be 동사+ ~ing : ~하게 하다(본래 성질)

★ 동사 frighten의 의미는 '겁을 먹게 하다'입니다.

(He is frightening. → 그는 무서운 사람이다. : 사람 주어일 때도 ~ing형을 쓰면 그 사람의 본래 성격이나 특징을 나타냅니다.)

He taught me what to say.
→ 그는 나에게 무엇을 말할지 가르쳐주었다.

★ what to + 동사원형 : 무엇을 ~할지

I slept without eating dinner.
→ 나는 저녁을 먹지 않고 잤다.

★ without + something/~ing : ~ 없이 / ~하지 않고

She runs as fast as she can in the race.
→ 그녀는 경기에서 그녀가 할 수 있는 한 최대한 빨리 뛴다.

★ as ~ as 주어 can/could : 주어가 가능한/가능했던 한 최대한 ~하게

▶ Story inside you

What makes you frightened?

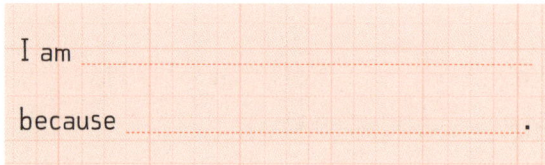

Reading

She discovered a little house and went in to rest. Inside, everything was small, but as neat and clean as could be. A small table covered with a white cloth stood ready with seven small plates. By every plate were a spoon, knife, fork, and cup. Seven little beds were ranged against the walls, covered with snow-white coverlets. 740L

➡ Words & phrases

discover [diskʌ́vər] ~을 발견하다

rest [rest] 쉬다, 휴식

inside [ínsáid] 안, 내부

neat [niːt] 깔끔한

cloth [klɔ(ː)θ] 천, 헝겊

stood [stud] stand의 과거형 (stand: 서다, 서 있다)

ready [rédi] 준비가 된

plate [pleit] 접시

range [reindʒ] 배치하다, 정렬하다

against [əgénst] ~에 기대어, ~을 향하여

coverlet [kʌ́vərlit] 침대 덮개

➡ More words

Words	Meaning	Words	Meaning

📖 Translate for yourself

Translate the following English sentence into Korean.

❶ Inside, everything was small, but as neat and clean as could be.

_____.

❷ A small table covered with a white cloth stood ready with seven small plates.

_____.

❸ By every plate were a spoon, knife, fork, and cup.

_____.

📖 Give me a clue

The house covered with snow is my grandfather's.

→ 눈으로 덮인 그 집이 우리 할아버지 댁이다.

★ cover A with B : A를 B로 덮다

(The house (which is) covered with snow에서 주격 관계대명사 which와 be 동사 is가 함께 생략되었습니다.)

The boy stood silent beside her when the girl was crying.

→ 그 소녀가 울고 있었을 때 그 소년은 그녀 옆에 조용히 서 있었다.

★ feel/look/seem + 형용사 : ~하게 느끼다/보이다/~한 것 같다

★ keep/stand/stay + 형용사 : ~한 상태로 유지하다/서 있다/남아 있다

By the window is a snowman /are snowmen.

(= A snowman is by the window./Snowmen are by the window.)

→ 눈사람이 창문 옆에 있다./눈사람들이 창문 옆에 있다.

★ 부사구 + 동사 + 주어 : 부사구를 강조하기 위해 문장 맨 앞으로 가져오고 주어와 동사 자리를 바꾸어줍니다. 동사 뒤에 나오는 명사의 수에 be 동사의 형태를 맞춥니다.

⇢ Story inside you

What do you have by the desk in your room?

Choose either 'is' or 'are' and complete the sentence.

By the desk in my room (is/are) _____

Reading 10

Snow Drop was very hungry and thirsty. She ate a little bread and vegetable from each plate, and drank a little wine from each cup, for she did not want to eat up the whole of one portion. Then, being very tired, she lay down in one of the beds. She tried them all, but none suited her. One was too short, another too long, all except the seventh, which was just right. She remained in it, said her prayers, and fell asleep. 800L

➦ Words & phrases

thirsty [θəˊːrsti] 목마른

vegetable [védʒətəbəl] 야채

drank [dræŋk] drink의 과거형 (drink: 마시다)

wine [wain] 포도주

whole [houl] 전부의, 모두

portion [pɔˊːrʃən] 몫, 부분

tired [taiərd] 지친, 싫증난

lay [lei] lie의 과거형 (lie: ~에 눕다)

try [trai] ~해보다, 시도하다

suit [suːt] 적합하다, ~의 마음에 들다

another [ənʌˊðər] 다른 하나

except [iksépt] ~을 제외하고

right [rait] 안성맞춤인, 옳은, 정확한, 오른쪽의

remain [riméin] 머무르다, ~에 남아 있다

prayer [prɛər] 기도, 소원

▶ More words

Words	Meaning	Words	Meaning

▶ Translate for yourself

Translate the following English sentences into Korean.

❶ She ate a little bread and vegetable from each plate

_____.

❷ Then, being very tired, she lay down in one of the beds.

_____.

▶ Give me a clue

A little noise woke me up last night.

→ 약간의 소음이 어젯밤 나를 깨웠다.

★ a little + 셀 수 없는 명사 : 약간 (=a few + 셀 수 있는 명사)

★ little + 셀 수 없는 명사 : 거의 없는 (=few + 셀 수 있는 명사)

(He made little noise last night. → 그는 어젯밤 거의 소란을 피우지 않았다.)

Being very frightened, you cannot even speak out.

(= When you are very frightened, you cannot even speak out.)

→ 너무 겁을 먹으면, 당신은 말을 할 수조차 없다.

★ 분사구문 : 접속사를 생략해도 뜻이 통할 때 문장을 간단히 하기 위해 접속사를 없애고, 대신 접속사절의 동사를 ~ing형으로 바꿉니다. 주절과 접속사절의 동사의 시제가 같으면 그냥 ~ing로 바꾸고, 접속사절의 시제가 더 과거이면 having p.p.형으로 바꿉니다. 주어가 같을 경우, 주어도 생략합니다.

★ Because she *was* very upset, I *ask* everyone to leave.

(= She having been very upset, I ask everyone to leave.)

▶ Story inside you

Snow Drop tried to hide that she ate the food, eating a little from each plate. Have you ever tried to hide something like Snow Drop? Why did you hide it?

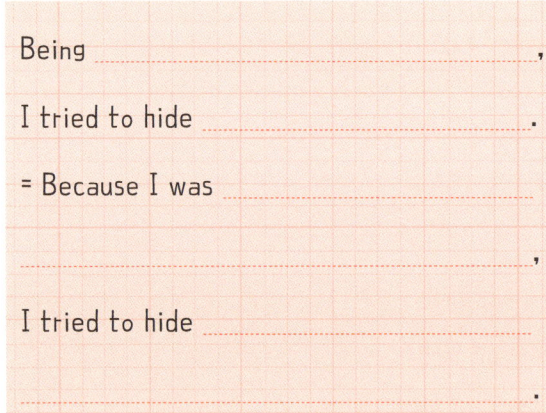

Questions for details

❶ Why did the Huntsman decide not to kill Snow Drop?

❷ Why did the Huntsman feel as though a weight were lifted from his heart?

❸ How did the Huntsman bring the tokens of killing Snow Drop?

❹ What did Snow Drop do when she was left alone in the wood?

❺ What did Snow Drop find in the little house?

❻ Why did Snow Drop eat some food on the table and fall asleep in the house?

Grammar for writing

Translate the following into English using the given expressions.

❶ 우리는 어제 술래잡기를 하는 중이었어요. (play hide-and-seek)

❷ 나는 죽을 정도로 지루하다. (bore, death)

❸ 그녀는 마치 그것이 진짜인 것처럼 이야기해요. (say, real)

❹ 내가 집에 도착했을 때, 이미 그 TV 프로그램을 끝나있었다. (already, end)

❺ 우리는 가능한 한 최대한 열심히 발표를 준비했다. (prepare, presentation)

❻ 너무 많은 숙제 때문에 수진이는 불행해 보인다. (homework, look, unhappy)

❼ 내 눈앞에 그 유명한 그림이 있었다. (singer, painting, front)

―― .

❽ 너무 늦게 일어나서, 나는 학교에 지각했다. (wake, late)

―― .

이번 단원에서는 1단원에서 배운 요약문 쓰기의 기본인 중요한 사건을 파악하는 연습을 하겠습니다. 다음의 Cue(단서)를 바탕으로 시간 순서대로 2단원의 중요한 사건을 우리말 또는 영어로 적어봅니다. Cue는 주요 사건을 파악하는 힌트가 되지만, 모든 내용을 포함하는 것은 아니기 때문에 필요한 내용을 덧붙여 사건이 매끄럽게 이어지도록 합니다.

Main events

Cue: 여왕의 명령, 숲

↓

Cue: 눈송이 공주의 부탁

↓

Cue: 새끼 사슴

↓

Cue: 숲속 작은 집

Cue: 7개의 접시, 침대

Summary

정리된 주요사건을 바탕으로 5~7 문장의 요약문을 써봅니다. 모든 문장은 과거형으로 쓰는 것 잊지 마세요!

Chapter 3

Snow Drop Meets the Seven Dwarfs

3단원 ◆ 눈송이 공주, 일곱 난쟁이들을 만나다

> **학습 목표**

1. 읽기 & 번역하기
- ~, who… : 그리고 그 사람은…
- make + A + 동사원형 : A가 ~하게 만들다/시키다
- must have p.p. : ~했음에 틀림없다
- might have p.p. : ~했을지도 모른다
- have been ~ing : ~해왔고 지금도 하는 중이다
- What (a) 형용사 + 명사 (+ 주어 + 동사)! : 얼마나 ~한 …인지!
- leave A B(형용사) : A를 B인 상태로 (남겨)두다

2. 요약하는 글쓰기
- 이야기의 세부 사항 다루기

3. 영화로 보는 눈송이 공주 이야기
- 시드니의 새 친구들; 일곱 괴짜들

> **3단원 학습 목표 가이드**

조동사 + have p.p.의 다양한 구문을 익히고 감탄문의 형식을 배웁니다. 요약하기에 필요한 글쓰기 기술로 이야기의 세부 사항을 다루는 연습을 하고, 이를 바탕으로 세부 사항을 적절히 포함시킨 3단원의 요약문을 만들어봅니다.

Before You Read

→ Vocabulary

Step 1 Match each sentence to the picture that best describes it.

❶ My aunt has caught a cold; she sneezes hard.

❷ I kindled a fire to drink tea when I was camping.

❸ The baby panda is so clumsy; he cannot even come down from the tree.

❹ Dad is digging a hole in the garden.

❺ She is very delighted to see the newborn baby.

❻ The dog is jumping high with astonishment.

a   b   c

d   e   f

Step 2 Now, find out the meanings of the words in red from the sentences in step 1. Write each word's meaning in Korean. Share your answers with friends.

❶ sneeze :

❷ kindle :

❸ clumsy :

❹ dig :

❺ delighted :

❻ astonishment :

➡ Topic preview

Step 1 Read part 11 quickly. Among the seven Dwarfs, whose name sounds most interesting? Pick one and write why you feel so.

For me, _____ sounds most interesting because _____.

Step 2 What is your nickname? How did you get such a nickname?

My nickname is _____ and I got this nickname because _____.

While You Read

Reading

When it was quite dark, the masters of the house came in. They were seven Dwarfs, who used to dig in the mountains for ore. The first dwarf was named as Doc, because he is the smartest of them all. The second was Dopey, who was so clumsy that always made mistakes. The third was called Bashful. He was very shy but the sweetest of all. The fourth was Grumpy, who always complained. The fifth was named as Sneezy, which was earned by his constant and severe sneezes. The sixth was Sleepy, who appeared tired and sleepy all the time. The last one was Happy, who enjoyed making other Dwarfs laugh. **690L**

➤ Words & phrases

quite [kwait] 꽤, 매우

master [mǽstər] 주인, 대가

dwarf [dwɔːrf] 난쟁이

dig [dig] 파다, 캐다

ore [ɔːr] 광석

clumsy [klʌ́mzi] 서투른

mistake [mistéik] 실수, 잘못

sweet [swiːt] 상냥한, 달콤한

complain [kəmpléin] 불평하다

constant [kánstənt] 변치 않는, 부단한

severe [sivíər] 심한, 모진

sneeze [sniːz] 재채기

▶ More words

Words	Meaning	Words	Meaning

▶ Translate for yourself

Translate the following English sentences into Korean.

❶ They were seven Dwarfs, who used to dig in the mountains for ore.

....

❷ The second was Dopey, who was so clumsy that always made mistakes.

....

❸ The last one was Happy, who enjoyed making other Dwarfs laugh.

....

▶ Give me a clue

I got a new friend, who loves telling stories.

(= I got a new friend. + And the friend loves telling stories.)

→ 나는 새 친구를 사귀었는데, 이 친구는 이야기하는 것을 좋아해요.

★ ~, who... : 앞 절에 나온 사람을 관계대명사 who로 받는데, '~, who'는 그 사람을 수식하는 것이 아니라, 추가 정보를 제공합니다.

(비교: I got a new friend who loves telling stories. → 나는 이야기 하는 것을 좋아하는 친구를 새로 사귀었다.)

Dad enjoys making me earn my own pocket money.
→ 아빠는 내가 용돈을 벌게 만드는 걸 즐기신다.

★ enjoy + ~ing : ~하는 것을 즐기다

★ make + A + 동사원형 : A가 ~하게 만들다/시키다

▶ Story inside you

What makes you study English? Why? Choose either 'make' or 'makes' and complete the sentence.

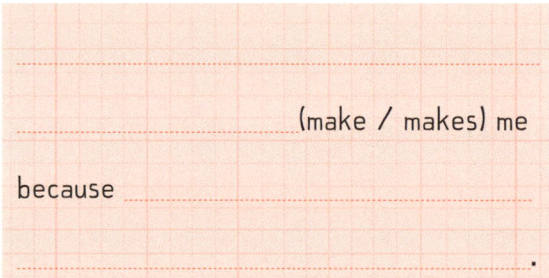

_____ (make / makes) me
because _____.

Reading

The seven Dwarfs kindled lights in the house. As soon as they could see, they noticed that someone had been there because everything on the table was not in the order in which they had left it.
Grumpy said, "Who has been eating off my plate? My bread was all gone!"
Doc said, "Somebody must have been here while we were away."
Bashful said, "It might have been a wolf. It is scary!"
Sleepy said, "Don't worry, Bashful. Nobody can find our house. Let's go to bed. I am so tired."

Words & phrases

kindle [kíndl] 불을 붙이다

notice [nóutis] ~을 알아채다

order [ɔ́ːrdər] 순서

wolf [wulf] 늑대

scary [skɛ́əri] 무서운

More words

Words	Meaning	Words	Meaning

▶ Translate for yourself

Translate the following English sentences into Korean.

❶ Everything on the table was not in the order in which they had left it.

....

❷ Somebody must have been here while we were away.

....

❸ It might have been a wolf.

....

▶ Give me a clue

I had a dance performance in the hall in which my brother had done it.

(= I had a dance performance in the hall. + My brother had done it in the hall.)

→ 나는 오빠가 춤 공연을 했었던 홀에서 춤 공연을 했다.

★ 전치사 + 관계대명사 : 연결되는 문장에서 공통되는 단어에 전치사가 필요한 경우, 관계대명사 앞에 전치사를 놓습니다.

You must have left your wallet in the playground.

→ 너는 지갑을 운동장에 놓고 왔음에 틀림없다.

★ must have p.p. : ~했음에 틀림없다 (과거 사실에 대한 확신)

I might have forgotten to lock the door.

→ 내가 문을 잠그는 것을 잊어버렸을 수도 있다.

★ might have p.p. : ~했을지도 모른다 (과거사실에 대한 불확실한 추측)

▶ Story inside you

Have you ever experienced something mysterious like the seven Dwarfs?

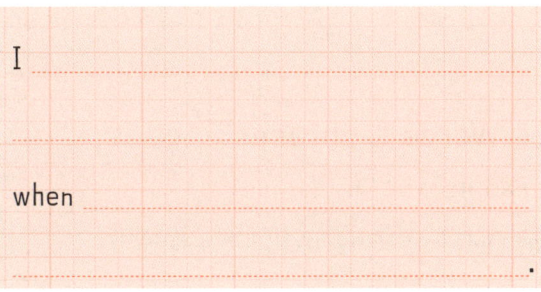

I

when

.

Reading ⓭

Then Sleepy turned to the bedroom and saw his bed and said, "Who has been treading on my bed?" The others came running up and said, "And mine, and mine." But the Seventh, Happy, when he looked into his bed, saw Snow Drop, who lay there asleep. He called the others, who came up and cried out with astonishment. They held their lights and gazed at Snow Drop with wonder. "Heavens! What a beautiful child!", they said. "Yippee! She is the most beautiful woman I have ever seen!" Happy shouted out. 640L

▶ Words & phrases

tread [tred] 밟다

lay [lei] lie의 과거형 (lie: 눕다, 누워 있다)

asleep [əslíːp] 잠들어

astonishment [əstániʃmənt] 놀람, 경악

held [held] hold의 과거형 (hold: 잡다, 갖고 있다)

light [lait] 불빛, 등불, 빛

gaze [geiz] 지켜보다, 응시하다

wonder [wʌ́ndər] 놀라움, 감탄

Heavens [hévəns] (하나님) 맙소사!

▶ More words

Words	Meaning	Words	Meaning

▶ Translate for yourself

Translate the following English sentences into Korean.

❶ Who has been treading on my bed?

_____ .

❷ The others came running up and said, 'And mine, and mine.'

_____ .

❸ What a beautiful child!

_____ .

▶ Give me a clue

Who has been still eating?

→ 누가 아직까지 먹고 있는 거지?

★ have been ~ing : ~해왔고 지금도 하는 중이다 (현재완료진행)
  우리말에 없는 시제이므로, 우리말 해석은 상황에 따라 단순 과거나 진행형 시제로 나타낼 수 있습니다.

Only the sick can stay in the classroom, and the others should go out to playground for PE class.

→ 아픈 사람만 교실에 남고, 나머지는 체육 시간에 운동장으로 나가야 한다.

★ the others : 나머지들 (남은 사람이나 물건이 여럿일 때 사용합니다.)

★ the other : 나머지 하나

What shocking news it is! (= It is shocking news.)

→ 그것은 얼마나 충격적인 소식인지!

★ What (a) 형용사 + 명사 (+ 주어 + 동사)! : 얼마나 ~한 ...인지! (감탄문)

▶ Story inside you

What is the most shocking thing you have ever experienced?

I was shocked when _____

Reading

The seven Dwarfs were so delighted that they did not wake her up, leaving her asleep in the seventh's bed. Happy slept with his comrades an hour with each all through the night. When morning came, Snow Drop woke up, and when she saw the seven Dwarfs, she was frightened.
But they were very kindly asked her name.
"I am called Snow Drop", she answered.
"How did you get into our house?", they asked. `600L`

➦ Words & phrases

delighted [diláitid] 아주 기뻐하는

comrade [kámræd] 동료, 동지

kindly [káindli] 친절하게, 상냥하게

call [kɔːl] 부르다, (이름을) 부르다

➦ More words

Words	Meaning	Words	Meaning

➤ Translate for yourself

Translate the following English sentence into Korean.

❶ The seven Dwarfs were so delighted that they did not wake her up, leaving her asleep in the seventh's bed.

_____.

❷ Happy slept with his comrades an hour with each all through the night.

_____.

❸ I am called Snow Drop.

_____.

➤ Give me a clue

My mom will pick me up at 3 at the airport.

→ 엄마가 나를 공항에서 3시에 태우러 오실 것이다.

★ '동사+부사'의 구문에서 목적어가 대명사이면 두 단어 사이에 위치합니다.

★ Please pick up the parcel for me. = Please pick the parcel up for me.

 = Please pick it up. (o) Please pick up it. (x)

Please go have fun, leaving me alone.

→ 나는 혼자 두고, 가서 즐겨.

★ leave A B(형용사) : A를 B인 상태로 (남겨)두다

90

It was very hot all through the summer.

→ 여름 동안 줄곧 매우 더웠다.

★ all through ~ : ~동안 줄곧, 내내

He is called 'know-it-all.' (= People call him 'know-it-all.')

→ 그는 '똑똑한 체하는 사람'이라고 불린다.

★ be called A : A라고 불리다

▶ Story inside you

Why do you think Snow Drop was frightened at seeing the seven Dwarfs?

I think it was because _____
_____
_____.

Reading

15

Then she told them how her stepmother had wished to get rid of her, how the Huntsman had spared her life, and how she had run all day till she had found the house.

Then the Dwarfs said, "Will you look after our household, cook, make the beds, wash, sew and knit, and keep everything neat and clean? If so, you shall stay with us and want for nothing."

"Yes", said Snow Drop, "with all my heart." Later on, she stayed with them and kept the house in order. 990L

➧ Words & phrases

stepmother [stépmʌ̀ðər] 새어머니, 계모

wish [wiʃ] 바라다, 원하다

household [háushòuld] 집안, 가족

cook [kuk] 요리하다

wash [wɑʃ] 빨래하다, 씻다

sew [sou] 바느질하다

knit [nit] 뜨개질하다, 짜다

neat [niːt] 단정한, 깨끗한

order [ɔ́ːrdər] 정돈, 정리

➧ More words

Words	Meaning	Words	Meaning

➽ Translate for yourself

Translate the following English sentences into Korean.

❶ Then she told them how her stepmother had wished to get rid of her.

.

❷ 'Will you look after our household, cook, make the beds …?'

.

❸ Later on, she stayed with them and kept the house in order.

.

➽ Give me a clue

Let's get rid of the trash before the teacher comes.

→ 선생님 오시기 전에, 그 쓰레기를 없애버리자.

★ get rid of~ : ~을 없애다, 제거하다

You should make the bed when you stay with us.

→ 너는 우리와 지낼 때는 잠자리를 정돈해야 한다.

★ make the[one's] bed : (자고 나서) 잠자리를 정돈하다, 이불을 개다

(잠자리가 여러 개일 경우, 'make the beds'를 쓸 수 있습니다.)

Please keep these cards in order every time you played them.

→ 카드를 가지고 놀 때마다 카드를 정리해두어라.

★ keep A in order : A를 (순서대로) 정리해두다

▶ Story inside you

Why do you think the Dwarfs asked Snow Drop to do housework for them?

I think it is because _____

_____ .

Questions for details

❶ What kind of work did the seven Dwarfs do?

❷ How did the Dwarfs notice someone had been in their house?

❸ What did the Dwarfs think of Snow Drop when they first saw her?

❹ Why didn't the Dwarfs wake up Snow Drop and leave her asleep until next morning?

❺ Where did Happy sleep while Snow Drop was sleeping on his bed?

❻ What did the Dwarfs ask Snow Drop to do when they let her stay with them in the house?

Grammar for writing

Translate the following into English using the given expressions.

❶ 나는 매일 한 남자를 보는데, 그는 혼잣말을 한다. (speak to oneself)

❷ 나는 내가 혼자 있을 수 있는 나만의 방을 갖기를 원한다. (stay alone)

❸ 그는 지하철에서 그의 가방을 잃어버린 것이 틀림없다. (lose, in the subway)

❹ 내가 문을 잠그는 것을 잊어버렸을지도 모른다. (forget to, lock)

❺ 우리는 세 시간 동안 집을 칠하는 중이다. (paint)

❻ 그 이야기는 얼마나 환상적인지! (fantastic)

❼ 그녀를 당장 깨워, 그렇지 않으면 우리는 늦을 거야. (wake up)

 Dealing with details

1단원과 2단원을 통해 주요 사건을 선별하는 연습을 해왔는데, 이 과정에서 인물이나 배경 묘사 등의 세부 사항(details)을 어떻게 할지 고민이 될 때가 있습니다. 특히 3단원에는 7명의 난쟁이 이름과 그 특징이 소개되었는데, 과연 이 내용을 어떻게 요약하기에 넣어야 할까요? 너무 길고 복잡하니 그냥 빼면 될까요? 그러기에는 난쟁이와 눈송이 공주의 이야기가 계속 나오는데, 난쟁이를 소개하지 않으면 요약문을 읽는 사람들은 그 내용을 이해하기가 어려워지겠지요. 뺄 수도 없고 다 넣을 수도 없고, 어떻게 하면 좋을까요? 정답이 있는 것은 아닙니다. 하지만, 다 넣지도 다 빼지도 않는 것이 가장 좋은 방법이겠지요. 7명의 난쟁이를 소개하는 방법으로 크게 두 가지를 생각해볼 수 있습니다.

❶ 난쟁이에 대한 전체적인 소개를 하고, 이름은 소개하지 않는다.
❷ 난쟁이에 대한 전체적인 소개와 함께, 이름만 소개하고 한 명 한 명의 특징 설명은 생략한다.

난쟁이에 대한 전체적인 소개에는 어떤 내용이 들어가야 할까요? 난쟁이가 '누구'인지가 가장 중요합니다. 난쟁이는 눈송이 공주가 들어간 집의 주인입니다. 그리고 광석을 캐며 살아가고 있습니다. 이러한 설명이 없다면 읽는 사람들은 "도대체 난쟁이가 갑자기 왜 나온 거지?" 하면서 궁금해 할 수 있어요. 좋은 요약문은 읽는 사람을 궁금하거나 헷갈리게 해서는 안 된다는 것을 기억하세요!

❶번의 경우, 난쟁이의 이름을 소개하지 않았으니 한 명씩 지칭할 때는 '~번째 난쟁이'라는 표현을 써야 할 것입니다. 예를 들어, 눈송이 공주가 잠든 곳은 '일곱 번째' 난쟁이의 침대였어요.

❷번의 경우, 이름을 소개했으니 후에 한 명씩 지칭할 때는 그 이름을 써주면 됩니다. 예를 들어, 눈송이 공주가 잠든 곳은 'Happy'의 침대였습니다. 그리고 난쟁이의 이름이 각 난쟁이의 특징에 따라 붙여졌다는 내용을 덧붙이면, 읽는 사람들이 더 쉽게 이해하겠지요?

❶번과 ❷번 중 어느 것이 더 낫다고 할 수는 없습니다. 여러분이 선택하면 됩니다. 단! 한 번 선택했으면 요약하기가 끝날 때까지 한 가지 방식을 써야 합니다. 처음에는 '~번째 난쟁이'라고 했다가 중간에 'Happy'라고 한다면 읽는 사람이 "도대체 Happy가 누구지??" 하면서 헷갈리겠지요. 어떤 방식을 택하든 일관성 있게 끝까지 한 가지 방식으로 쓰는 것이 중요합니다.

자, 난쟁이 소개를 어떻게 할지 마음을 정했나요? 그럼 바로 중요한 사건을 선택해서 요약하기를 해봅니다.

Main events

다음의 Cue(단서)를 바탕으로 시간 순서대로 3단원의 중요한 사건을 우리말 또는 영어로 적어봅니다. Cue는 주요 사건을 파악하는 힌트가 되지만, 모든 내용을 포함하는 것은 아니기 때문에 필요한 내용을 덧붙여 사건이 매끄럽게 이어지도록 합니다.

Cue: 난쟁이, 주인, 광석

↓

Cue: 식탁

↓

Cue: 침대, 눈송이 공주, 일곱 번째 난쟁이

↓

Cue: 눈송이 공주의 아름다움, 아침, 눈송이 공주의 이야기

↓

Cue: 집안일

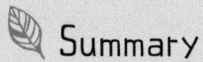 Summary

정리된 주요사건을 바탕으로 5~7 문장의 요약문을 써봅니다. 모든 문장은 과거형으로 쓰는 것 잊지 마세요!

「Snow Drop」3단원의 Summary를 하고 나서, 영화 「Sydney White」를 40:00~55:00 까지 시청하거나 다음의 영화 Summary를 읽어보세요.

Sydney White's New Friends; the Seven Dorks

When Sydney is crying having nowhere to stay, Lenny discovered her. Lenny lives with 6 other guys who are called 'Dorks'. Even though they are outsiders and isolated in their old and weary dorm on the Greek road, which is called 'Vortex', they welcome Sydney to their dorm. The seven Dorks include: Terrence, who always conducts science experiments, Lenny, who sneezes a lot, Gurkin, who writes articles for 'peoplespunisher.com' to complain, Spanky, who is crazy about girls and makes the Dorks laugh, Jeremy, who is so shy that only speaks through his puppet, 'Scoozer', Embele, who came from Nigeria and is always sleepy because of the time difference, and George, who cannot even tie his shoelaces. Sydney has good time in Vortex, getting closer to the Dorks. Sydney realizes that many students including seven Dorks are treated unfairly by the school president, Rachel. She persuades Terrence to run for the school president to help students restore their rights.

Compare & contrast

「Snow Drop」의 난쟁이와 공통점을 가진 「Sydney White」의 괴짜를 찾아 보기처럼 선으로 연결해보세요.

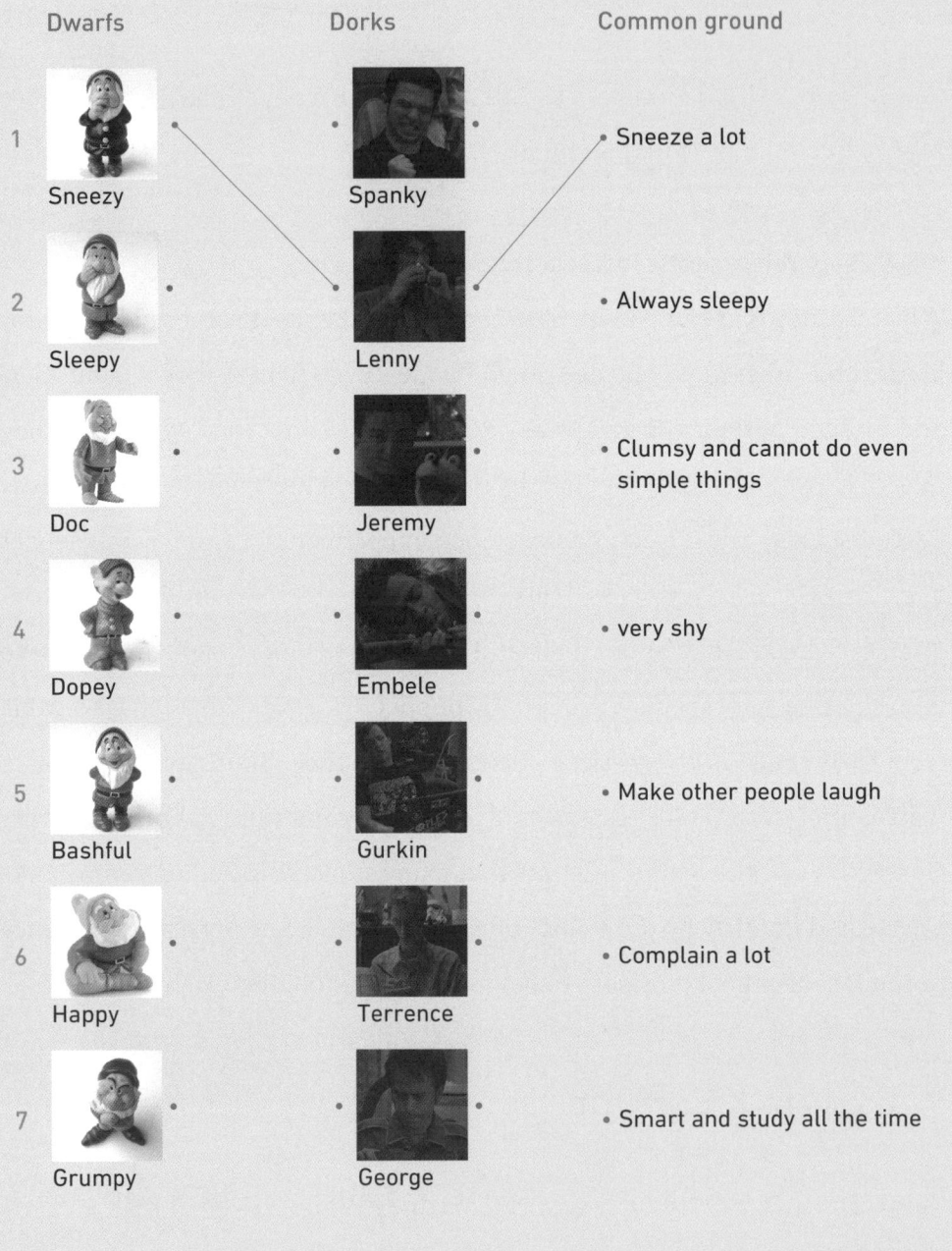

Think creatively

❶ Compare & contrast 표를 참고해서, 「Snow Drop」의 일곱 난쟁이들과 비교했을 때, 「Sydney White」에서 가장 비슷한 괴짜는 누구인가요? 왜 그렇게 생각했나요?

❷ 「Snow Drop」의 일곱 난쟁이들과 비교했을 때, 「Sydney White」에서 가장 다른 괴짜는 누구인가요? 왜 그렇게 생각했나요?

Chapter 4

The Evil Queen's First Trick

4단원 ◆ 사악한 여왕의 첫 번째 계략

 **학습 목표**

1. 읽기 & 번역하기
- have to + 동사원형 : ~해야 한다
- let + 목적어 + in/out : (~로) 들어가게/나가게 해주다.
- feel/be certain that 주어 + 동사 : (that 이하의 내용을) 확신하다
- as long as 주어 동사 : ~하는 한
- so that 주어 will/can + 동사원형 : 주어가 ~하도록/할 수 있도록

2. 요약하는 글쓰기

3. 영화로 보는 눈송이 공주 이야기
- 첫 번째 위기

4단원 학습 목표 가이드 본문에 자주 등장하는 구문을 익히고 영작에 활용하는 연습을 합니다. 지금까지 배운 요약하기의 기술을 활용하여 4단원의 요약문을 작성합니다.

Before You Read

➤ Vocabulary

Step 1 Match each sentence to the picture that best describes it.

❶ Mom warns my little brother that playing with scissors is dangerous.
❷ I couldn't recognize my grandpa because he wore a santa costume.
❸ I bought this from the pedlar who visited my house.
❹ My father doesn't know how to tie his necktie.
❺ I was short of breath since I played the trumpet for 20 minutes.

a

b

c

d

e

Step 2 Now, find out the meanings of the words in red from the sentences in step 1. Write each word's meaning in Korean. Share your answers with friends.

❶ warn :

❷ recognize :

❸ pedlar :

❹ tie :

❺ breath :

➡ Topic preview

Step 1 Read part 18 quickly. Who did the Queen change herself into and how did she do it?

The Queen changed herself into _____
She _____ her face and dressed _____ .

Step 2 If you have a chance to change yourself into a different person, who would you become and why?

I want to become _____
because _____ .

While You Read

Reading
16

In the morning they went to the mountain and searched for copper and gold. In the evening they came back and then their meal hadto be ready.
Snow Drop was alone all day long. The good Dwarfs warned her and said, 'Beware of your stepmother. She will soon learn that you are here. Don't let anyone in.' 650L

➔ Words & phrases

search [səːrtʃ] 찾다

meal [miːl] 식사

warn [wɔːrn] 주의를 주다

beware [biwéər] 조심하다

stepmother [stépmʌðər] 새엄마, 계모

let [let] ~하게 놔두다

➔ More words

Words	Meaning	Words	Meaning

➤ Translate for yourself

Translate the following English sentences into Korean.

❶ In the evening they came back and then their meal had to be ready.

――――――――――――――――――――――――――――――――――.

❷ Beware of your stepmother. She will soon learn that you are here.

――――――――――――――――――――――――――――――――――.

❸ Don't let anyone in.

――――――――――――――――――――――――――――――――――.

➤ Give me a clue

I don't like spinach but I have to eat it at the dinner table.

→ 나는 시금치가 싫지만, 저녁 밥상에서는 (부모님의 의사에 따라) 먹어야 해.

★ have to + 동사원형 : (나의 의사와는 상관없이 다른 사람의 의사에 따라) ~해야 한다

★ must + 동사원형 : (나의 의사에 따라) ~해야 한다

(I don't like spinach but I must eat it for my health. → 나는 시금치가 싫지만, 내 건강을 위해서는 (내 의사에 따라) 먹어야만 해.)

Tell Sumi to beware of the dog.

→ 수미에게 그 개를 조심하라고 말해라.

★ beware of : ~를 조심하다

109

Let the cats out! They look bored.

→ 고양이들을 바깥으로 내보내줘. 심심해 보인다.

★ let + 목적어 + in/out : (~로) 들어가게/나가게 해주다

▶▶ Story inside you

What things have to be ready before going swimming?

My swimsuit, _____

_____ ready.

Reading

The Queen still believed that she had eaten Snow Drop's liver and lungs. She felt certain that she was the fairest in the world. So she stepped in front of the Glass and asked.
"Mirror, Mirror on the wall, Who is the fairest of us all?"
the Glass answered as usual,
"Queen, you are the fairest here,
But Snow Drop over the fells is fairer a thousandfold.
She now dwells with seven Dwarfs." 840L

▶ Words & phrases

certain [sə́ːrtən] 확실한

step [step] 한 걸음 내딛다

usual [júːʒuəl] 평소의, 늘 있는

fell [fel] 언덕

dwell with ~와 같이 살다

▶ More words

Words	Meaning	Words	Meaning

111

➥ Translate for yourself

Translate the following English sentences into Korean.

❶ The Queen still believed that she had eaten Snow Drop's liver and lungs.

--- .

❷ She felt certain that she was the fairest in the world.

--- .

❸ The Glass answered as usual.

--- .

➥ Give me a clue

When I arrived home, the family dinner had already finished.

→ 내가 집에 도착했을 때는 가족 저녁식사가 이미 끝나 있었다.

★ had + p.p. : 대과거 (앞에 오는 동사가 가리키는 과거보다 더 과거에 일어난 일)

I feel certain that Sumin likes me.

→ 나는 수민이가 나를 좋아한다는 걸 확신한다.

★ feel/be certain that 주어 + 동사 : (that 이하의 내용을) 확신하다

Today, I had cereal with milk for breakfast as usual.

→ 오늘 나는 평소처럼 아침식사로 시리얼과 우유를 먹었다.

★ as usual : (주로 문장 끝에서) 평소처럼

★ usually : (주로 동사 앞에서) 평소에

▶ Story inside you

1. What do you usually eat for breakfast?

I usually have _____ .

2. What did you eat for breakfast today? Did you eat as usual or not as usual? Choose either 'as usual' or 'not as usual' and complte the sentence.

I had _____,
_____
_____ (as usual / not as usual).

Reading

She was embarrassed because she found out that the Huntsman had lied to her and that Snow Drop was still alive. Soon, she began to think how she can kill Snow Drop. As long as she was not the fairest in the land, her jealous heart might not give her rest. At last she thought of a plan. She colored her face and dressed up like an old Pedlar so that no one could recognize her. 860L

▶ Words & phrases

embarrassed [imbǽrəst] 당황스러운

find out 알다

lie [lai] 거짓말하다

jealous [dʒéləs] 질투하는

rest [rest] 휴식

color [kʌ́lər] 색을 칠하다

dress up 옷을 차려입다

pedlar [pédlər] 보따리장수, 행상

recognize [rékəgnaiz] 알아보다

▶ More words

Words	Meaning	Words	Meaning

▶ Translate for yourself

Translate the following English sentences into Korean.

❶ She was embarrassed because she found out that the Huntsman had lied to her....

　　　　　　　　　　　　　　　　　　　　　　　　　　　　　　　　　　．

❷ As long as she was not the fairest in the land, her jealous heart might not give her rest.

　　　　　　　　　　　　　　　　　　　　　　　　　　　　　　　　　　．

❸ She colored her face and dressed up like an old Pelar so that no one could recognize her.

　　　　　　　　　　　　　　　　　　　　　　　　　　　　　　　　　　．

▶ Give me a clue

I was embarrassed because I didn't bring my homework to school.

→ 나는 학교에 숙제를 안 가져와서 당황했다.

★ be/feel embarrassed : 당황하다

We cannot go on a picnic as long as it rains heavily like this.

→ 이렇게 비가 거세게 오는 한, 우리는 소풍을 갈 수 없다.

★ as long as 주어 동사 : ~하는 한

★ as long as A : A만큼 긴

Hansu studied very hard so that he could get good grades next time.

→ 한수는 다음번에는 좋은 성적을 받을 수 있도록 공부를 열심히 했다.

★ so that 주어 will/can + 동사원형 : 주어가 ~하도록/할 수 있도록

➥ Story inside you

1. What problem made you feel embarrassed the most?

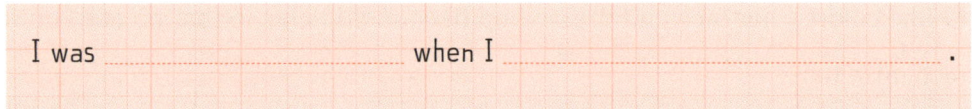

I was _____ when I _____.

2. How did you solve the problem?

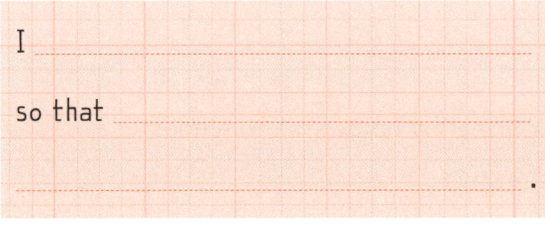

I _____
so that _____.

Reading

In this guise she crossed over the seven mountains to the home of the seven Dwarfs. In front of their house, she called out, 'Goods for sale.'
Snow Drop looked out of the window and said, "Good-day, what have you got to sell?"
"Fine goods, beautiful goods," she answered, "laces of every color"; and she held out one which was made of silk. 720L

▶ Words & phrases

guise [gaiz] 겉모습

goods [gudz] 상품

sale [seil] 판매

cross over ~를 건너다

lace [leis] 레이스, 끈

hold out 꺼내다

silk [silk] 비단

▶ More words

Words	Meaning	Words	Meaning

▶ Translate for yourself

Translate the following English sentences into Korean.

❶ Snowdrop looked out of the window...

_____ .

❷ she answered, 'laces of every colour'; and she held out one which was made of silk.

_____ .

▶ Give me a clue

Someone knocks on the door and my mother looks out of the window to see who it is.

→ 누군가가 문을 두드려서 엄마는 누구인지 보려고 창문으로 내다본다.

★ look out of : ~로 내다보다

Jimin gave me 3 books; and I loved one which was about Sherlock Holmes.

→ 지민이가 나에게 책 세 권을 줬다. 그중에 셜록 홈스에 관한 책 한 권이 좋았다.

★ one : 앞에 제시된 여러 개의 물건들 중에 '하나'

I like clothes which are made of cotton; they are soft and light.

→ 나는 면으로 만들어진 옷들을 좋아한다; 그 옷들은 부드럽고 가볍다.

★ be made of : ~를 재료로 만들어지다

▶ Story inside you

1. Pick one clothe you like the best. What is the clothe made of?

I like _____.

It is _____.

2. Pick a piece of furniture you like best. What is that piece of furniture made of?

I like _____.

It is _____.

Reading

20

"I may let the honest woman in," thought Snow Drop. She unlocked the door and bought the pretty lace.
"Child," said the Old Woman, "you tied your lace all wrong, I will tie your lace properly for once."
Snow Drop made no objection. She let the Old Woman tie her neck with the new lace. But the Old Woman tied so quickly and tightly that she took away Snowdrop's breath. Snow Drop fell down as though she were dead. 690L

▶ Words & phrases

honest [ánist] 성실한, 정직한

unlock [ʌnlák] (문의) 자물쇠를 열다

tie [tai] (끈으로) 묶다

wrong [rɔːŋ] 틀리게, 잘못된 방법으로

properly [prápərli] 똑바로, 단정히

for once 한 번만

objection [əbdʒékʃən] 반대

neck [nek] 목

tightly [taitli] 단단하게, 팽팽하게

take away 가져가다

breath [breθ] 숨

fall down 쓰러지다

as though 마치 ~처럼

dead [ded] 죽은

▶ More words

Words ▼	Meaning ▼	Words ▼	Meaning ▼

▶ Translate for yourself

Translate the following English sentences into Korean.

❶ Snow Drop made no objection.

------

❷ But the Old Woman tied so quickly and tightly that she took away Snow Drop's breath.

------

❸ Snow Drop fell down as though she were dead.

▶ Give me a clue

Mom asked me to have more cookies, and I made no objection because they were so delicious.

→ 엄마가 나에게 쿠키를 더 권하셨는데, 나는 너무 맛있어서 반대하지 않았다.

★ make no objection : 반대하지 않다

★ make objection : 반대하다

My mom's cookies were so delicious that I ate 20 yesterday.

→ 엄마의 쿠키는 너무 맛있어서 나는 어제 20개나 먹었다.

★ so 형용사/부사 that 주어 + 동사 : 너무나 ~해서 ~하다

My father drives fast as though he were a car racer.

→ 우리 아빠는 마치 자기가 카레이서인 것처럼 차를 빨리 모신다.

★ as though + 동사의 과거형/were : 마치 ~한/인 것처럼

➔ Story inside you

Write a sentence about your friend who acts like a different person.

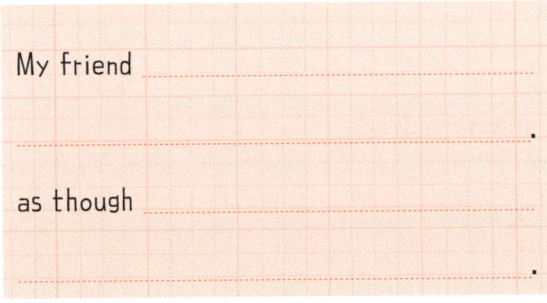 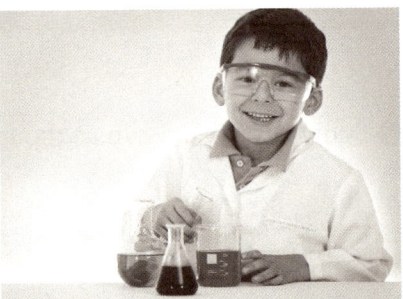

Questions for details

❶ What did seven Dwarfs warn about to Snow Drop?

❷ Who was the fairest of all according to the Queen's magic looking-glass?

❸ Why did the Queen feel embarrassed?

❹ What did the Queen sell to Snow Drop?

❺ How did the Queen make Snow Drop fall down?

Grammar for writing

Translate the following into English using the given expressions.

❶ 나는 우리 반의 한 남자 아이와 사랑에 빠진 것이 확실하다. (a boy in my class, fall in love with)

_____.

❷ 나는 친구들이 내가 그를 좋아한다는 것을 눈치 채서 당황했다. (friends, notice)

_____.

❸ 나는 매일 계획을 만들어요, 내 시간을 현명하게 쓸 수 있도록. (daily plans, spend time, wisely)

_____.

❹ 이 목걸이는 은으로 만들어졌다. (necklace, silver)

_____.

❺ 내 여동생은 자기가 내 엄마인 것처럼 말한다. (younger sister)

_____.

❻ 나는 곧 있을 음악 축제를 위해서 바이올린 연주를 연습해야 한다. (upcoming, music festival, practice)

_____.

다음의 Cue(단서)를 바탕으로 시간 순서대로 4단원의 중요한 사건을 우리말 또는 영어로 적어봅니다. Cue는 주요 사건을 파악하는 힌트가 되지만, 모든 내용을 포함하는 것은 아니기 때문에 필요한 내용을 덧붙여 사건이 매끄럽게 이어지도록 합니다.

🍃 Main events

Cue: 혼자 있는 눈송이 공주, 난쟁이들의 당부

↓

Cue: 여왕, 마법의 거울

↓

Cue: 여왕의 계획, 변장

↓

Cue: 난쟁이의 집, 레이스

↓

Cue: 눈송이 공주의 쓰러짐

125

 Summary

정리된 주요사건을 바탕으로 5~7 문장의 요약문을 써봅니다. 모든 문장은 과거형으로 쓰는 것 잊지 마세요!

「Snow Drop」 4단원의 Summary를 하고 나서, 영화 「Sydney White」를 55:00~01:26:00까지 시청하거나 다음의 영화 Summary를 읽어 보세요.

The First Crisis

As Terrence starts to get wider support from the students, Sydney's popularity goes up, too. At last, Sydney is elected as the Queen in the school's online beauty ranking. Even Rachel's ex-boyfriend, Tyler Prince has a crush on her. Rachel gets really mad and invites Sydney and seven Dorks to the sorority party in order to put them in a trouble. Rachel announces at the party that Terrence graduated 6 years ago, which means he cannot run for the president. Rachel also reveals that Tyler has worked with her for a while to get rid of Vortex from the Greek road and it makes Sydney feel disappointed in Tyler. When Sydney and seven Dorks have to leave from Vortex, she decides to run for the presidency instead of Terrence and take back Vortex.

 Compare & contrast

Snow Drop과 Sydney White는 자신들을 질투하는 여왕과 레이첼 때문에 첫 번째 위기를 맞게 됩니다. 두 이야기를 비교하면서 다음의 표를 채워보세요.

	Questions	Snow Drop	Sydney White
1	Who had a jealous heart?	The Queen	Rachel Witchburn
2	Why did each person feel jealous?	The Queen wanted to be the fairest woman in the world but Snow Drop was the fairest.	The Kappa sorority member
3	Who picked the fairest woman?	The Queen's looking-glass	
4	What was Snow Drop and Sydney's first crisis?	The Queen tied Snow Drop's corset with the new lace too tight and it took her breath.	
5	What did Snow Drop and Sydney do after the crisis?	Snow Drop promised to the seven Dwarfs that she would not let anyone in.	

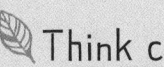Think creatively

두 문제 모두 1단원에서 배운 'If I were ~, I would 동사원형' 구문을 이용해서 영어로 답하거나, 우리말로 답해보세요.

❶ 만약 여러분이 Snow Drop이라면 자신을 죽이려는 여왕이 언제 찾아올지 모르는 상황에서 어떻게 대처했을 것 같나요? 창의적인 해결 방법을 말해보세요.

❷ 만약 여러분이 Sydney White였다면 지지하던 회장 후보가 출마할 수 없게 되고, 좋아하던 남자친구에게 크게 실망했을 때, 어떻게 어려움을 극복했을 것 같나요? 창의적인 해결 방법을 말해보세요.

Chapter 5

The Eveil Queen's Second Trick

5단원 ◆ 사악한 여왕의 두 번째 계략

학습 목표

1. 읽기 & 번역하기
- not to + 동사원형 : ~하지 않도록, 않기 위해
- scarcely A than B : A하자마자 B하다
- see + A + 동사원형/~ing : A가 ~ 하는/~하고 있는 것을 보다
- no sooner A than B : A하자마자 B하다

2. 요약하는 글쓰기
- 시간의 전후, 흐름 표현하기

5단원 학습 목표 가이드

'~하자마자 …하다'를 표현하는 구문을 정확히 익히고, 지각동사 see의 문형을 배웁니다. 이야기를 요약하는 필수 기술인 시간의 전후와 흐름을 표현하는 방법을 배우고, 이를 활용하여 5단원의 요약문을 작성합니다.

Before You Read

Vocabulary

Step 1 Match each sentence to the picture that best describes it.

❶ I disguised myself as Dracula last Halloween.

❷ The wicked witch cast a spell on the poor princess.

❸ The teacher was enraged because of the terrible noise we made.

❹ I began to suspect that my sister had eaten my chocolate.

❺ I was pleased to see my presents under the Christmas tree.

❻ The woman became unconscious and fell down on the street.

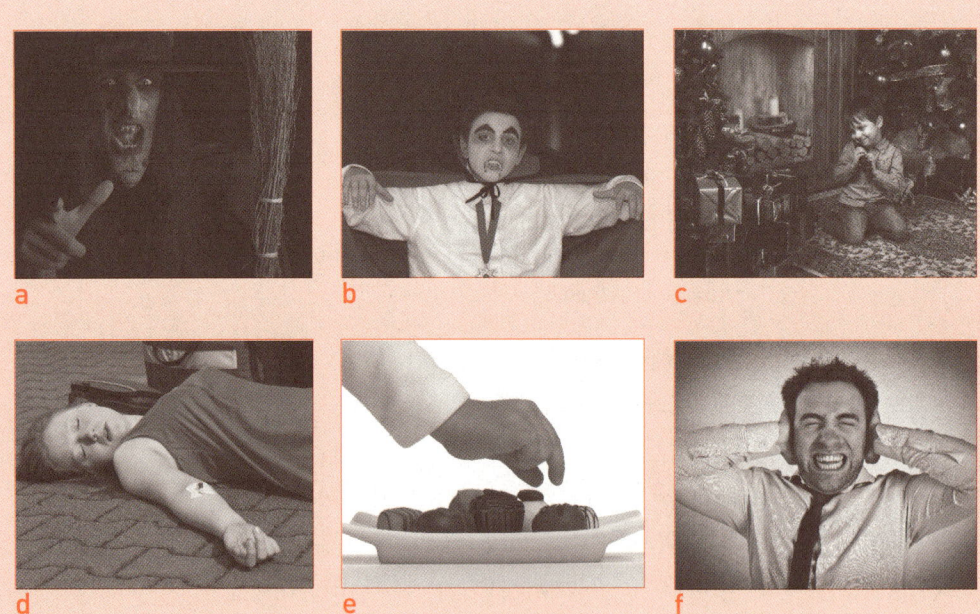

Step 2 Now, find out the meanings of the words in red from the sentences in step 1. Write each word's meaning in Korean. Share your answers with friends.

❶ disguise :

❷ wicked :

❸ enrage :

❹ suspect :

❺ pleased :

❻ unconscious :

▶ Topic preview

Step 1 Read part 22 quickly. Why was the Queen so enraged with all her blood flowing to her heart? Talk with your friends.

| The Queen was enraged because _____ . |

Step 2 Have you ever been so enraged that all your blood flew to your heart? Why were you so angry at the moment? Complete the sentence using the following example.

e.g. I was so enraged that all my blood flew to my heart when my best friend lied to me.

| I was _____ when _____ . |

While You Read

Reading

"Now I am the fairest", the Queen said to herself, and hurried away.
Not long after the seven Dwarfs came home, and were horror-struck when they saw their dear little Snow Drop lying on the floor without stirring, like one dead. When they saw she was laced too tight, they cut the lace. Thankfully, she began to breathe and soon came back to life again. When the Dwarfs heard what had happened, they said that the old Pedlar was no other than the wicked Queen. "Take care not to let anyone in when we are not here," they said. 930L

Words & phrases

hurry [hʌ́ri] 서두르다

horror-struck [hɔ́ːrərstrʌk] 공포에 질린

dear [diər] 귀중한, 소중한

stir [stəːr] 움직이다

lace [leis] 끈으로 졸라매다

tight [tait] 단단히, 꽉

thankfully [θǽŋkfəli] 고맙게도

breathe [briːð] 숨을 쉬다

happen [hǽpən] 일어나다, 생기다

pedlar [pédlər] 행상인

wicked [wíkid] 사악한

More words

Words	Meaning	Words	Meaning

Translate for yourself

Translate the following English sentences into Korean.

❶ Not long after the seven Dwarfs came home, and were horror-struck when they saw their dear little Snow Drop lying on the floor without stirring, like one dead.

❷ When the Dwarfs heard what had happened, they said that the old Pedlar was no other than the wicked Queen.

❸ 'Take care not to let anyone in when we are not here,' they said.

▶ Give me a clue

I made a lot of new friends not long after.

→ 나는 오래지 않아 많은 새 친구를 사귀었다.

★ not long after : 오래지 않아

He was no other than my first love.

→ 그는 다름 아닌 바로 내 첫 사랑이었다.

★ no other than : 다름 아닌 바로 ~

Be careful not to cut your finger.

→ 손 베지 않도록 조심해라.

★ not to + 동사원형 : ~하지 않도록, 않기 위해

▶ Story inside you

Has anyone lied to you for bad intention or purpose?

_____ lied to me that
_____.

Reading

22

Now the wicked Queen, as soon as she got home, went to the Glass and asked,
"Mirror, Mirror on the wall, who is the fairest of us all?"
And it answered as usual,
"Queen, you are the fairest here, I hold.
But Snow Drop over the fells, who with the seven Dwarfs dwells,
is fairer still a thousand fold."
When she heard it, all her blood flew to her heart, so enraged was she, for she knew that Snow Drop had come back to life again. 820L

▶ Words & phrases

glass [glæs] 유리, 거울

usual [júːʒuəl] 보통의, 일상의

hold [hould] ~라고 생각하다, 평가하다

fell [fel] 산, 고원지대

dwell [dwel] 살다, 머무르다

fold [fould] ~배

enrage [enréidʒ] 노하게 하다

▶ More words

Words	Meaning	Words	Meaning

➡ Translate for yourself

Translate the following English sentences into Korean.

❶ But Snow Drop over the fells, who with the seven Dwarfs dwells, is fairer still a thousand fold.

_____

_____ .

❷ When she heard it, all her blood flew to her heart, so enraged was she, for she knew that Snow Drop had come back to life again.

_____

_____ .

➡ Give me a clue

One of my neighbors is an old lady, who with seven cats dwells.

(= One of my neighbors is an old lady, who dwells with seven cats.)

→ 내 이웃 중 하나는 나이든 여자 분인데, 이 분은 7마리의 고양이와 함께 산다.

★ 강조의 도치 : 강조하려는 전치사 구를 동사의 앞으로 옮긴다.

★ dwell with : ~와 함께 살다

So amazed was I to hear that I won the first prize.

(= I was so amazed to hear that I won the first prize.)

→ 내가 1등을 했다는 이야기를 듣고 나는 너무나 깜짝 놀랐다.

★ 강조에 따른 주어/동사 도치 : 강조하려는 부사나 형용사를 절의 맨 앞으로 옮기면 동사 + 주어가 되어 위치가 바뀝니다.

He wishes his pet came back to life.

→ 그는 그의 애완동물이 다시 살아나기를 바란다.

★ wish 주어 + 동사의 과거형: 주어가 ~하기를 바라다(현재 일어나지 않은 일을 소망)

★ come back to life : 다시 살아나다

▶▶ Story inside you

Is there anything or anyone that you hope to come back to life?

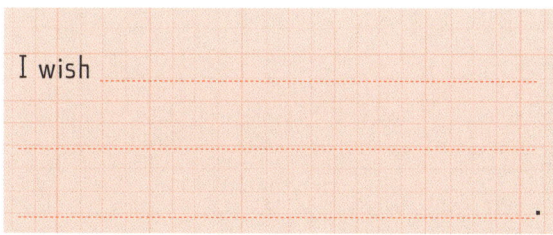

Reading

Then she thought to herself, 'I must plan something which will put an end to her.' By means of witchcraft, in which she was skilled, she made a poisoned comb. Next she disguised herself and took the form of a different Old Woman. She crossed the mountains and came to the home of the seven Dwarfs, and knocked at the door calling out, "Good wares to sell." Snow Drop looked out of the window and said, "Go away, I must not let anyone in." 810L

▶ Words & phrases

plan [plæn] 계획하다

witchcraft [witʃkræft] 마법, 요술

skilled [skild] 능숙한

poison [pɔ́ːizən] ~에 독을 넣다, 독

comb [koum] 빗, 빗질을 하다

form [fɔːrm] 모양, 형식

disguise [disɡáiz] 변장하다

cross [krɔːs] 가로지르다, 건너다

knock [nɔk] 치다, 두드리다

call out [kɔ́ː làut] ~을 부르다, 호출하다

ware [wɛər] 상품, 세공품

sell [sel] 팔다

➽ More words

Words	Meaning	Words	Meaning

➽ Translate for yourself

Translate the following English sentences into Korean.

❶ Then she thought to herself, 'I must plan something which will put an end to her.'

❷ By means of witchcraft, in which she was skilled, she made a poisoned comb.

❸ Next she disguised herself and took the form of a different Old Woman.

➽ Give me a clue

We should put an end to this long argument.

→ 우리는 이 긴 말다툼을 끝내야 한다.

★ put an end to : ~을 끝내다, (동물 따위를) 죽이다

I climbed on the top of the mountain by means of this wood stick.

→ 이 나무 지팡이의 도움으로 나는 산의 정상에 올랐다.

★ by means of : ~의 도움으로, ~을 써서

Although it takes the form of a test, it is actually to learn something.

→ 그것은 시험의 형식을 취하지만, 실제로는 무엇인가를 배우기 위한 것이다.

★ take the form of : ~의 모습을 취하다, ~로 둔갑하다

▶ Story inside you

Have you ever disguised yourself? When and why?

I disguised myself as _____

when _____

because _____ .

Reading 24

"At least you may look," answered the Old Woman, and she took the poisoned comb and held it up. The child was so pleased with it that she opened the door. When she had made a bargain, the Old Woman said, "Now I will comb your hair properly for once." Poor Snow Drop, suspecting no evil, let the Old Woman had her way. However, scarcely was the poisoned comb fixed in her hair than the poison took effect. Snow Drop fell down unconscious. 730L

▶ Words & phrases

at least 최소한, 적어도

may [mei] ~해도 좋다, ~ 일지도 모른다

pleased [pliːzd] 기뻐하는, 만족한

bargain [báːrgən] 매매, 거래, 싸게 사는 물건

properly [prápərli] 올바르게, 단정히

once [wʌns] 한 번

suspect [səspékt] 의심하다

evil [íːvəl] 악, 사악

scarcely [skɛ́ərsli] 가까스로, 거의 ~ 아니다

fix [fiks] 고정시키다

effect [ifékt] 효과, 결과

unconscious [ʌnkánʃəs] 무의식중, 의식 불명의

More words

Words	Meaning	Words	Meaning

Translate for yourself

Translate the following English sentence into Korean.

❶ 'At least you may look,' answered the Old Woman, and she took the poisoned comb and held it up.

❷ When she had made a bargain, the Old Woman said, 'Now I will comb your hair properly for once.'

❸ However, scarcely was the poisoned comb fixed in her hair than the poison took effect.

🎬 Give me a clue

Please hold up the ball properly so that I could hit it.

→ 내가 칠 수 있게 공을 잘 들어 올려줘.

★ hold up~ : ~을 들어 올리다, 떠받치다, 방해하다, 제시하다

★ 동사 + 부사의 구문에서 목적어가 대명사일 경우 둘 사이에 목적어가 위치합니다.

I made a good bargain in the street market.

→ 나는 노상 마켓에서 좋은 거래를 했다.

★ make a bargain : 계약을 맺다, 흥정을 성사시키다

Scarcely arrived we at the park than rain started pouring.

→ 우리가 공원에 도착하자마자 비가 퍼붓기 시작했다.

★ scarcely A than B : A하자마자 B하다

(scarcely가 '거의 ~하지 않는'이라는 부정어이므로, 문장 맨 앞에 오면 주어/동사가 도치되어 동사/주어로 나타납니다.)

🎬 Story inside you

If you were Snow Drop, would you let the Old Woman inside the house? Yes or no?

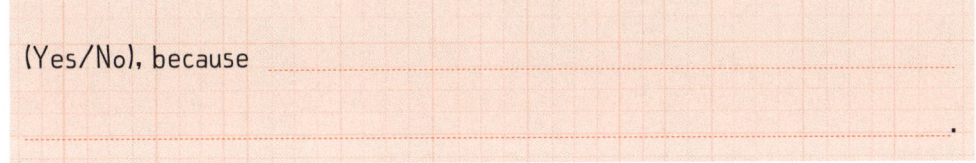

(Yes/No), because

Reading

"You paragon of beauty," said the wicked woman, "now it is all over with you," and she went away. Happily it was near the time when the seven Dwarfs came home. When they saw Snow Drop lying on the ground as though dead, they immediately suspected her stepmother, and searched till they found the poisoned comb. No sooner had they removed it than Snow Drop came to herself again and told them what had happened. They warned her again not to open the door to anyone. 960L

Words & phrases

paragon [pǽrəgàn] 전형, 모범

beauty [bjúːti] 미인, 아름다움

ground [graund] 땅

immediately [imíːdiətli] 곧

search [səːrtʃ] 찾다, 뒤지다

remove [rimúːv] 제거하다, 치우다

warn [wɔːrn] 경고하다

More words

Words	Meaning	Words	Meaning

⇢ Translate for yourself

Translate the following English sentences into Korean.

❶ 'You paragon of beauty,' said the wicked woman, 'now it is all over with you,' and she went away.

_____ .

❷ When they saw Snow Drop lying on the ground as though dead,

_____ .

❸ No sooner had they removed it than Snow Drop came to herself again and told them what had happened.

_____ .

⇢ Give me a clue

It will be all over with your success if you quit it now.

→ 당신이 지금 그만두면, 당신의 성공은 가망이 없어질 것이다.

★ all over with~ : ~은 이제 끝나서, 가망이 없어져서

You should come to see me performing at the school festival!

→ 너는 내가 학교 축제에서 공연하는 것을 보러 와야 해!

★ see + A + 동사원형/~ing : A가 ~하는/~하고 있는 것을 보다

No sooner did we finish my dinner than Dad came home with chicken.

→ 우리가 저녁을 다 먹자마자, 아빠가 치킨을 사들고 집에 오셨다.

★ no sooner A than B : A 하자마자 B 하다

('no'라는 부정어가 문장 맨 앞으로 이동하면, 주어/동사가 도치됩니다.)

▶ Story inside you

Do you think using a poisoned comb is a good way to kill Snow Drop? Why do you think so?

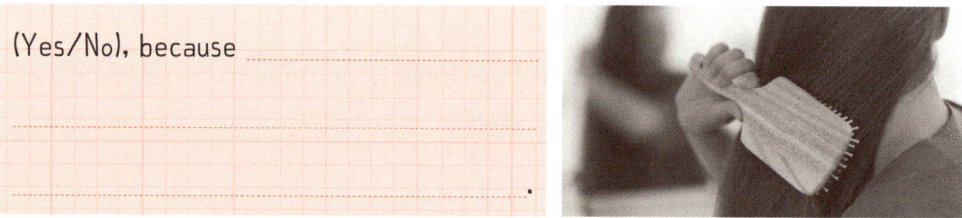

(Yes/No), because _____
_____
_____.

🍃 Questions for details

❶ How did the Dwarfs save Snow Drop laced too tight and not breathing?

....

❷ Why was the queen so enraged by hearing what the Glass said about the fairest?

....

❸ How did the queen decide to harm Snow Drop for the second time?

....

❹ How did the queen approach Snow Drop for the second time?

....

❺ How did the queen meet Snow Drop while Snow Drop refused to let anyone in?

....

❻ How did the Dwarfs save Snow Drop unconscious with the poisoned comb fixed in her hair?

_____.

🍃 Grammar for writing

Translate the following into English using the given expressions.

❶ 내가 그 대회에서 실패한 이유는 다름 아닌 바로 나의 노력부족이다. (competition, effort, lack)

_____.

❷ 내가 어젯밤에 본 영화는 너무나 충격적이었다. (shocking)

So _____.

❸ 우리는 그 코치가 허들을 넘는 것을 보았다. (see, hurdle, coach)

_____.

❹ 문이 열리자마자 그 소년은 재채기를 시작했다. (sneeze)

_____.

❺ 그녀는 그녀의 코치의 도움으로 그 경주를 마쳤다. (race, finish)

------

❻ 그는 까다로운 고객과 계약을 맺는 일을 잘한다. (client, picky)

------

❼ 나는 또 시험에 떨어지지 않기 위해 열심히 공부했다. (test, fail)

🍃 Dealing with time

이야기는 시간의 흐름에 따라 사건이 진행됩니다. 그래서 '그 후에'라는 표현이 정말 많이 들어가는데요. 그럼 이러한 시간의 전후, 흐름을 어떻게 영어로 나타낼까요? 시간의 흐름을 표현하는 데는 생각보다 여러 가지 방법이 있답니다.

첫째, 접속사를 사용합니다.

then, after that, afterwards, since(그 이후로), thereafter 등

가장 일반적인 방법이지만, 사용할 수 있는 접속사의 수가 정해져 있어서 같은 접속사를 반복적으로 사용하게 되는 단점이 있습니다. 보통은 문장 맨 앞에 접속사를 쓰지만, 문장 중간에 접속사를 써서 단조로움을 피할 수도 있습니다.

예) The Dwarfs then asked what happened to Snow Drop.

둘째, 시간을 나타내는 표현을 사용합니다.

at night, in the morning, in the afternoon, next day, following day 등

문맥상 저녁, 아침이라는 표현을 써서 자연스럽게 시간이 경과했음을 표현합니다.

셋째, 분사구문을 사용합니다.

After the Dwarfs went off for work, Snow Drop started house work.
= The Dwarfs going off for work, Snow Drop started house work.

예측되는 접속사를 생략하고, 동사에 ~ing을 붙이는 분사구문은, 과도하게 접속사를 사용하는 일을 막아주는 유용한 구문입니다.

넷째, 관계대명사의 계속적 용법을 사용합니다.

관계대명사의 계속적 용법은 추가 정보를 제공하는데, 이것을 이용해서 자연스럽게 시간의 흐름을 나타낼 수 있습니다.

After the Dwarfs saw Snow Drop lying on the ground, they were shocked.
= The Dwarfs, who saw Snow Drop lying on the ground, were shocked.

시간의 흐름을 나타낸다고 '그 후에, 그다음에, 그 후…' 이런 식으로 매번 접속사로 문장을 시작하는 것은 매우 좋지 않은 습관입니다. 문법적으로 틀린 것은 아니지만, 바람직하거나 세련된 구조는 절대 아니지요. 실제로, 영어를 외국어로 하는 학생들이 접속사를 과도하게 사용한다는 연구 결과가 많습니다. 영어 실력이 부족하기 때문에 위와 같은 다양한 방식으로 시간의 흐름을 표현하기가 힘들어서 그런 것이겠지요? 이제 요약하기 연습도 중반을 향해 달려오고 있으니, 이제는 단순히 내용이나 문법뿐만 아니라 영어의 '스타일'에도 신경을 써서 보다 훌륭한 글을 써보도록 합니다.

🍃 Main events

전체 8단원 중 4단원에 걸쳐서 Cue를 바탕으로 주요 사건을 선별해서 요약문을 쓰는 연습을 했습니다. 5단원부터 마지막 8단원까지는 여러분이 Cue의 도움 없이 주요 사건을 선택해서 요약문을 써보도록 하겠습니다. 지금까지와 같이 총 5개 정도의 주요 사건을 선택해서 필수 내용을 우리말이나 영어로 정리해봅니다. 5개가 아니라 4개나 6개가 되어도 좋습니다. 이 단계에서는 꼭 영어로 쓰지 않아도 좋습니다. 5단원의 내용을 파악하는 데 더 도움이 되는 언어로 스토리를 정리해봅니다.

↓

↓

↓

↓

↓

↓

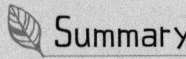 Summary

정리된 주요사건을 바탕으로 4~7 문장의 요약문을 써봅니다. 모든 문장은 과거형으로 쓰는 것 잊지 마세요!

Chapter 6

The Evil Queen's Fatal Third Trick

6단원 ◆ 사악한 여왕의 치명적인 세 번째 계략

학습 목표

1. 읽기 & 번역하기
- hear + A + 동사원형 : A가 ~하는 것을 듣다
- cost A B : A에게 B의 비용을 들게 하다
- whoever : ~하는 누구든지
- cannot + 동사원형 + any longer : 더 이상 ~할 수 없다
- find + A + ~ing : A가 ~하고 있는 것을 발견하다
- whether (or not) : ~인지 아닌지

2. 요약하는 글쓰기
- 단서 없이 주요 사건 스스로 정하기

3. 영화로 보는 눈송이 공주 이야기
- 독이든 사과 바이러스 공격

6단원 학습 목표 가이드

지각동사 hear의 문형을 배우고 다양한 문형을 익혀 영작에 활용합니다. 처음으로 단서 없이 학생 스스로 본문의 주요 사건을 파악하여 요약문을 작성함으로써 혼자 힘으로 요약문 쓰기에 도전합니다.

157

Before You Read

Vocabulary

Step 1 Match each sentence to the picture that best describes it.

❶ When I entered the ghost house, my legs trembled with fear.

❷ Birds cannot breathe because of poisonous gas in the air.

❸ I got very mad because my friend lied to me cunningly.

❹ The fire fighter escaped from the burning building carrying a baby.

❺ Every morning after the shower, I comb my little sister's hair.

Step 2 Now, find out the meanings of the words in red from the sentences in step 1. Write each word's meaning in Korean. Share your answers with friends.

❶ tremble :

❷ poisonous :

❸ cunningly :

❹ escape :

❺ comb :

▶ Topic preview

Step 1 Read part 29 quickly. How did the Queen make Snow Drop take the poisonous apple? Talk with your friends.

| The Queen _____ to make Snow Drop take the poisonous apple. |

Step 2 Have you ever tricked someone cunningly like the Queen? Write about it using the following example.

e.g. I tricked my little cousin cunningly when I was 7.
  I took his game player and he became very mad.

| I tricked _____ cunningly when I was ____. I _____ and (he/she) _____. |

While You Read

Reading 26

When she got home the Queen stood before her Glass and said,
"Mirror, Mirror on the wall, who is the fairest of us all?"
And it answered as usual,
"Queen, you are the fairest here, I hold.
But Snow Drop over the fells, who with the seven Dwarfs dwells,
is fairer still a thousand fold."
When she heard the Glass speak these words she trembled with rage. "Snow Drop shall die," she said, "even if it cost me my own life." 900L

Words & phrases

tremble [trémbəl] 떨다

rage [reidʒ] 격분, 격노

shall [ʃəl] ~할 것이다

cost [kɔst] ~의 비용이 들다

More words

Words	Meaning	Words	Meaning

➽ Translate for yourself

Translate the following English sentences into Korean.

❶ When she heard the Glass speak these words she trembled with rage.

․․․ .

❷ 'Snowdrop shall die,' she said, 'even if it cost me my own life.'

․․․ .

➽ Give me a clue

I heard the teacher call my name.

→ 나는 선생님이 나를 부르시는 소리를 들었다.

★ hear + A + 동사원형 : A가 ~하는 것을 듣다

I shall try once again even if I fail again.

→ 나는 비록 또 실패한다 할지라도 한 번 더 시도해야 한다.

★ even if : 비록 ~한다 할지라도

I bought a new bag. It cost me 20,000 won.

→ 나는 새 가방을 샀다. 그 가방은 2만 원의 비용이 들었다.

★ cost A B : A에게 B의 비용을 들게 하다 (동사변화: cost/cost/cost)

Story inside you

What did you buy recently? And how much did it cost?

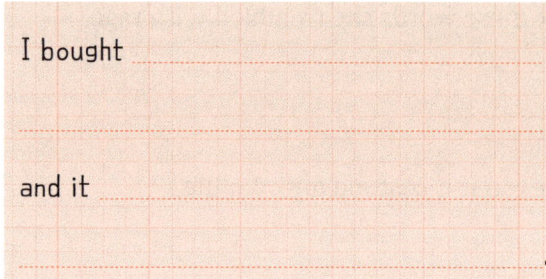
I bought

and it   .

Reading

Then, she went into a secret room, which no one ever entered but herself. She made a poisonous apple there. Outwardly it was beautiful to look upon, with rosy cheeks. Everyone who saw it wanted it, but whoever ate it was certain to die. When the apple was ready she colored her face and dressed herself like an old Peasant Woman and so crossed the seven hills to the Dwarfs' home. There she knocked. 760L

➥ Words & phrases

enter [éntər] ~에 들어가다

poisonous [pɔ́izənəs] 독이 있는

outwardly [áutwərdli] 바깥쪽에서는

look upon ~를 바라보다

rosy [róuzi] 장밋빛의

ready [rédi] 준비된

dress [dres] ~를 옷을 입히다

peasant [pézənt] 농부

cross [krɔs] 건너다

knock [nɔk] 문을 두드리다

➥ More words

Words	Meaning	Words	Meaning

163

🎬 Translate for yourself

Translate the following English sentences into Korean.

❶ She went into a secret room, which no one ever entered but herself.

_____ .

❷ Whoever ate it was certain to die.

_____ .

🎬 Give me a clue

This is a mathematical problem, which no one ever solved but me.

→ 이것이 나 말고는 아무도 해결한 적이 없는 수학 문제이다.

★ no one ever A but B : B 말고는 그 누구도 A한 적이 없다

(이때 A는 항상 p.p.(과거분사), B는 사람을 나타냅니다.)

Whoever has a question about my presentation, please ask.

→ 제 발표에 질문이 있는 (분은) 누구든지 물어보세요.

★ whoever : ~하는 누구든지

Minwoo didn't practice hard; he is certain to fail.

→ 민우는 열심히 연습하지 않았다; 그는 실패할 것이 확실하다.

★ be certain to + 동사원형 : ~할 것이 확실하다

▶ Story inside you

Have you ever done something which no one ever tried before?

I _____,

which no one _____ .

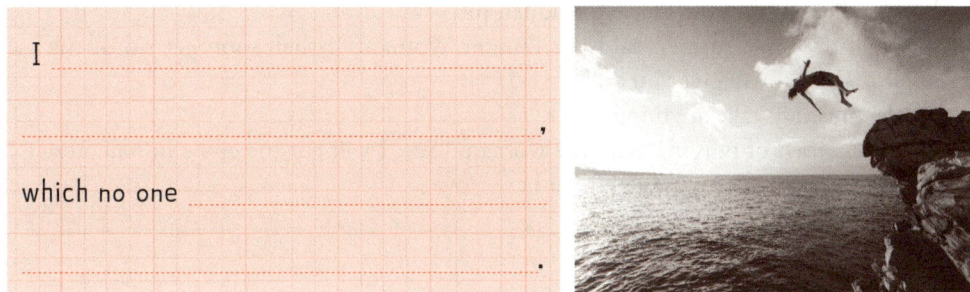

Reading

Snow Drop put her head out of the window and said, "I must not let anyone in, because the seven Dwarfs have forbidden me."
"It is all the same to me," said the Peasant Woman. "I shall soon get rid of my apples. There, I will give you one."
"No! I must not take anything."
"Are you afraid of poison?" said the woman. "See, I will cut the apple in half. You eat the red side and I will keep the other." 500L

▶ Words & phrases

forbid [fərbíd] 금지하다

afraid [əfréid] 겁내는, 두려워하는

half [hæf] 절반

keep [kiːp] 간직하다, 가지다

half [hæf] 절반

the other 다른 하나

▶ More words

Words	Meaning	Words	Meaning

⇢ Translate for yourself

Translate the following English sentences into Korean.

❶ Snow Drop put her head out of the window.

....

❷ Are you afraid of poison?

....

❸ I will cut the apple in half.

....

⇢ Give me a clue

My uncle put his baseball glove out of the cabinet.

→ 우리 삼촌은 그의 야구 글러브를 캐비닛에서 빼냈다.

★ put A out of B : B를 A의 밖으로 빼내다

I'm not afraid of ghosts, but my sister's scream frightened me.

→ 나는 귀신을 겁내지는 않지만, 내 여동생의 비명이 나를 겁에 질리게 했다.

★ be afraid of ~ : ~를 겁내다, 두려워하다

167

I split the cookie in half to share it with my friend.

→ 나는 쿠키를 친구와 나눠먹기 위해 절반으로 쪼갰다.

★ in half : 절반으로

⇢ Story inside you

What have you cut in half to share with your friend?

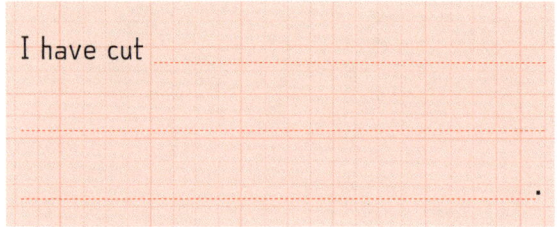

I have cut   .

Reading

29

Now the apple was so cunningly painted that only the red half was poisoned. Snow Drop wanted to have the apple so much. When she saw the Peasant Woman eating the nonpoisonous half, she could not wait any longer. She stretched out her hand and took the poisoned half. As soon as she had put a bit into her mouth, she fell dead to the ground.

The Queen laughed aloud and said, "Snow Drop, who is white as snow, red as blood, and black as ebony, this time the Dwarfs cannot wake you up again." 850L

▶ Words & phrases

cunningly [kʌ́niŋli] 교묘하게

stretch out ~를 뻗다

poisoned [pɔ́izənd] 독을 묻힌

nonpoisonous [nɔnpɔ́izənəs] 독이 없는

a bit 약간

laugh aloud 크게 웃다

wake up 깨우다

▶ More words

Words	Meaning	Words	Meaning

169

▶ Translate for yourself

Translate the following English sentences into Korean.

❶ When she saw the Peasant Woman eating she could not wait any longer.

――― .

❷ As soon as she had put a bit into her mouth, she fell dead to the ground.

――― .

▶ Give me a clue

I saw dad walking in the rain.

→ 나는 아빠가 빗속에서 걸어가고 있는 것을 보았다.

★ see + A + ~ing : A가 ~하고 있는 것을 보다

★ see + A + 동사원형 : A가 ~하는 것을 보다

My brother keeps singing loudly, which I cannot stand any longer.

→ 우리 형이 계속 큰 소리로 노래를 부르는데, 나는 그것을 더 이상 참을 수 없다.

★ cannot + 동사원형 + any longer : 더 이상 ~할 수 없다

Romeo drank the poison; not long after, he would fall dead.

→ 로미오는 그 독약을 마셨다; 얼마 지나지 않아 그는 죽어 쓰러질 것이다.

★ fall dead : 죽어 쓰러지다

Story inside you

What can't you wait any longer? Think about one thing that you have waited for a long time but can not have it until now.

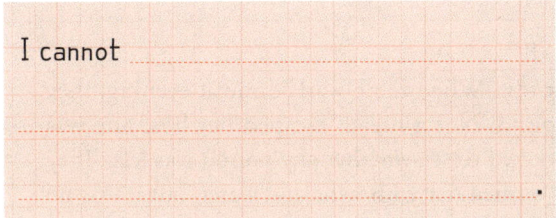
I cannot _____ .

Reading

30

When the Queen got home and asked the Looking-glass,
"Mirror, Mirror on the wall,
Who is the fairest of us all?"
it answered at last,
"Queen, you are the fairest of them all."
Then her jealous heart finally was at rest. When the Dwarfs came at evening, they found Snow Drop lying on the ground. Not a breath escaped her lips. She was quite dead. They lifted her up and looked to see whether any poison was left. They unlaced her dress, combed her hair, washed her with wine and water, but it was no use. Their dear Snow Drop was dead. 760L

▶ Words & phrases

finally [fáinəli] 마침내

ground [graund] 땅, 지면

lie on ~에 눕다

escape [iskéip] 빠져나오다

quite [kwait] 완전히

lift [lift] 들어올리다

unlace [ʌnleis] (끈을) 풀다

comb [koum] (머리나 털을) 빗다

wine [wain] 포도주

dear [diər] 사랑하는, 소중한

▶ More words

Words	Meaning	Words	Meaning

▶ Translate for yourself

Translate the following English sentences into Korean.

❶ When the Dwarfs came at evening, they found Snow Drop lying on the ground.

❷ They lifted her up and looked to see whether any poison was left.

❸ …but it was no use.

▶ Give me a clue

When I got home, I found my parents playing computer game.

→ 내가 집에 돌아왔을 때, 나의 부모님이 컴퓨터 게임을 하고 있는 것을 발견했다.

★ find + A + ~ing : A가 ~하고 있는 것을 발견하다

I ask mom whether I can have another cup of chocolate milk.

→ 나는 엄마께 초콜릿 우유 한 잔을 더 먹을 수 있는지 (아닌지) 묻는다.

★ whether (or not) : ~인지 아닌지

I said sorry to Sumi immediately, but it was no use.

→ 나는 수미에게 즉시 미안하다고 말했지만, 그것은 소용없었다.

★ be no use : ~가 소용없다

▶ Story inside you

Why do you watch TV weather forecasts?

Use 'whether' in your answer.

I watch TV weather forecasts

🍃 Questions for details

❶ Why did the Queen tremble with rage?

❷ What would the Queen think cost killing Snow Drop?

❸ Where did the Queen make a poisonous apple?

❹ What did the Queen dress herself like to visit Snow Drop?

❺ What did the Queen do when Snow Drop refused to take the apple?

❻ Seeing the Queen eating the apple, what did Snow Drop do?

❼ When the Queen got home, what did the Glass say to her?

.

❽ What did the Dwarfs do when they found Snow Drop lying on the ground?

.

🍃 Grammar for writing

Translate the following into English using the given expressions.

❶ 이 귀신의 집은 나 말고는 아무도 들어가본 적이 없다. (enter, haunted house)

.

❷ 이 귀신의 집에 방문하는 누구든지 귀신을 두려워하게 될 것이다. (haunted house, ghosts)

.

❸ 나는 나의 햄스터를 우리에서 꺼내주었다. (hamster, cage)

.

❹ 내가 컴퓨터 게임을 너무 많이 해서 아빠가 컴퓨터를 없애버리셨다. (play computer games)

_____ .

❺ 나는 개미들이 그들의 집을 짓고 있는 것을 보았다. (ants, build)

_____ .

❻ 나는 할로윈 파티를 더 이상 기다릴 수 없다. (Halloween party)

_____ .

❼ 아빠는 나에게 캠핑에 갈 것인지, 아닌지 물으셨다. (ask, go camping)

_____ .

❽ 나는 친구들이 운동장에서 축구를 하고 있는 것을 발견했다. (play soccer)

_____ .

🍃 Main events

5단원에서 연습한 것처럼 여러분이 Cue의 도움 없이 주요 사건을 선택해서 요약문을 써보도록 하겠습니다. 지금까지와 같이 총 5개 정도의 주요 사건을 선택해서 필수 내용을 우리말이나 영어로 정리해봅니다. 5개가 아니라 4개나 6개가 되어도 좋습니다. 이 단계에서는 꼭 영어로 쓰지 않아도 좋습니다. 6단원의 내용을 파악하는 데 더 도움이 되는 언어로 스토리를 정리해봅니다.

--- .

↓

--- .

↓

--- .

↓

--- .

↓

--- .

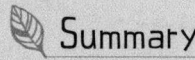 Summary

정리된 주요 사건을 바탕으로 4~7 문장의 요약문을 써봅니다. 모든 문장은 과거형으로 쓰는 것 잊지 마세요!

「Snow Drop」6단원의 Summary를 하고 나서, 영화 「Sydney White」를 01:26:01~01:32:12까지 시청하거나 다음의 영화 Summary를 읽어보세요.

Poisonous Apple Virus Attack

Sydney gets more support from various groups of students in the campus and keeps the highest ranking in the school's online beauty ranking. Tyler apologized sincerely to Sydney and seven Dorks so they make peace. Rachel plans to put Sydney into another trouble; she visits a professional hacker's office to make him attack Sydney's laptop a day before the politics final paper deadline and the president candidates' discussion. The hacker spreads 'a poisoned apple virus' into Sydney's hard drive and erases all the files in it. Seven Dorks try to restore the hard drive but it is no use. Sydney gets frustrated and doesn't know what to do.

Compare & contrast

첫 번째 작전에서 실패한 여왕과 레이첼은 더 교묘한 수작으로 Snow Drop과 Sydney를 공격하기로 합니다. 과연 어떻게 했을까요? 다음의 질문을 읽고 표를 채워보세요.

	Questions	Snow Drop	Sydney White
1	Why did the Queen and Rachel plan another attack?	The Queen's mirror said Snow Drop was still fairest.	Rachel Witchburn
2	What did each person make for the attack?	The Queen made a half poisoned apple.	The Kappa sorority member
3	Where did each person make their weapons?	In the Queen's secret room, which no one ever entered but herself.	
4	What happened after their attack?	Snow Drop fell dead after putting a bit of the apple into her mouth.	
5	What did seven Dwarfs and Dorks do after the attack?	Seven Dwarfs lifted Snow Drop up, unlaced her dress, combed her hair and washed her with wine and water.	

Think creatively

만약 여러분이 시드니라면 레이첼의 공격에 어떻게 대응했을까요? 1번에서 파악한 시드니의 위기 상황을 고려해서 창의적인 해결 방안을 말해보세요(1단원에서 배운 'If I were ~, I would 동사원형' 구문을 활용해서 영어로 말하거나, 우리말로 답해보세요).

Culture inside

영화에서 시드니는 중요한 과제들을 모두 노트북에만 저장해놓아서 곤경에 빠지게 됩니다. 이렇게 대학생들은 과제물을 컴퓨터로 작성하고 이메일로 제출하는 경우가 많은데, 여러분은 과제물을 어떻게 작성하고, 제출하나요? 자유롭게 말해보세요.

Chapter 7
The Prince saves Snow Drop's life

7단원 ◆ 왕자님이 눈송이 공주의 목숨을 구하다

학습 목표

1. 읽기 & 번역하기
- have + A + p.p.(과거분사) : A가 ~ 되도록 시키다/만들다
- what + be + p.p. : ~된 것
- 수여동사 A B : A에게 B를 주다
- to + 동사원형의 부사적/형용사적 용법

2. 요약하는 글쓰기
- 다른 말로 바꾸어 표현하기

7단원 학습 목표 가이드

have를 사용한 사역동사(~가 되도록 시키다) 구문을 익히고 수여동사 (영어 문장의 4형식) 구문의 어순을 정확히 이해하고 영작에 활용합니다. 영어 글쓰기의 필수적인 기술인 '다른 말로 바꾸어 표현하기(paraphrasing)'의 개념과 기술을 익힙니다. 다른 사람의 글을 이용하여 영어 글쓰기를 할 때 필수적인 기술이므로 기본 개념을 꼭 기억하도록 합니다.

Before You Read

Vocabulary

Step 1 Match each sentence to the picture that best describes it.

❶ A dracula comes out of his coffin at night.

❷ The sea is so transparent that I can see the fish swimming in it.

❸ Sally is mourning her best friend's death.

❹ The man tries to dislodge a piece of food from her throat by hitting her back.

❺ The gentleman reverences the woman he loves.

a

b

c

d

e

Step 2 Now, find out the meanings of the words in red from the sentences in step 1. Write each word's meaning in Korean. Share your answers with friends.

❶ coffin :

❷ transparent :

❸ mourn :

❹ dislodge :

❺ reverence :

▶▶ Topic preview

Step 1 What comes to your mind when you think of a funeral(장례식)? Write as many things as possible.

> When I think of a funeral, _____
>
> _____ come to my mind.

Step 2

Read part 31 quickly. Whose funeral does 'part 31' describe? What are the similarities and differences of this funeral, compared to other funerals?

> Part 31 describes _____ 's funeral.
>
> The similarities are _____ .
>
> The differences are _____ .

Reading

🔊 31

They laid her on a bier, and all seven sat down and lamented over her for three whole days. Then they prepared to bury her. But she looked so fresh and living, and still had such beautiful rosy cheeks, that they said, "We cannot bury her in the dark earth." So they had a transparent glass coffin made, so that she could be seen from every side. They laid her inside and wrote on it in letters of gold her name and how she was a Kings daughter. Then they set the coffin out on the mountain, and one of them always stayed by and watched it. And the birds came too and mourned for Snow Drop, first an owl, then a raven, and lastly a dove. 900L

▶ Words & phrases

lament [ləmént] 슬퍼하다, 애도하다
bier [biər] 들 것, 영구차
bury [béri] 묻다, ~의 장례식을 하다
fresh [freʃ] 생기 있는, 싱싱한
living [lívin] 살아 있는
earth [əːrθ] 땅, 지구
transparent [trænspéərənt] 투명한, 비치는
coffin [kɔ́ːfin] 관
mourn [mɔːrn] (죽음을) 슬퍼하다

owl [aul] 올빼미
raven [réivən] 큰 까마귀
dove [dʌv] 비둘기

▶ More words

Words	Meaning	Words	Meaning

▶ Translate for yourself

Translate the following English sentences into Korean.

❶ They laid her on a bier, and all seven sat down and lamented over her for three whole days.

----

❷ So they had a transparent glass coffin made, so that she could be seen from every side.

▶ Give me a clue

She lays her Teddy bear right beside her pillow.

→ 그녀는 그녀의 테디 베어를 베개 바로 옆에 눕힌다.

★ lay-laid-laid : ~을 눕히다, (알을) 낳다

★ lie-lay-lain : ~에 눕다, 놓여 있다

★ lie-lied-lied : 거짓말을 하다

Dad had his hair cut yesterday.

→ 아빠는 어제 머리가 잘라지도록 시켰다 = 아빠는 어제 머리를 자르셨다.

★ have + A + p.p.(과거분사) : A가 ~ 되도록 시키다/만들다

My sister ruined my homework, so that I was really mad at her.

→ 내 여동생이 내 숙제를 망쳐서, 나는 그 애에게 정말 화가 났다.

★ A, so that B : A 하다 그래서 B 하다

▶ Story inside you

The Dwarfs, who could not bury Snow Drop in the ground, put her in the transparent glass coffin. Why do you think they did it?

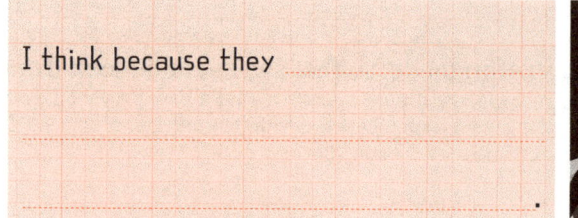 

Reading 32

Now Snow Drop lay a long, long time in her coffin, looking as though she were asleep. It happened that a Prince was wandering in the wood, and came to the home of the seven Dwarfs to pass the night. He saw the coffin on the mountain and lovely Snow Drop inside, and read what was written in golden letters. Then he said to the Dwarfs, "Let me have the coffin. I will give you whatever you like for it." 730L

▶ Words & phrases

lay [lei] lie의 과거, lie: ~에 누워 있다

asleep [əslíːp] 잠들어

happen [hǽpən] ~가 일어나다. 우연히 ~하다

wander [wάndər] 돌아다니다, 어슬렁거리다

pass [pæs] (시간을) 보내다, 지나가다

letter [létər] 글자, 편지

whatever [hwɑtévər] 무엇이든지, 무엇을 ~ 하든지

▶ More words

Words	Meaning	Words	Meaning

▶ Translate for yourself

Translate the following English sentences into Korean.

❶ It happened that a Prince was wandering in the wood, and came to the home of the seven Dwarfs to pass the night.

_____

_____ .

❷ He saw the coffin on the mountain and lovely Snow Drop inside, and read what was written in golden letters.

_____

_____ .

▶ Give me a clue

It was said that we would go to Jeju Island for a school field trip.

→ 우리가 수학여행으로 제주도를 가게 된다고들 한다.

★ 가주어는 it, 진주어는 that 이하 : 주어가 절이 되어 길어지면, 가짜 주어 it을 주어 자리에 두고, 진짜 주어는 that 절로 뒤에 나타냅니다.

We ran as fast as we could to get on the school bus.

→ 우리는 학교 버스를 타기 위하여 전속력으로 달렸다.

★ to + 동사원형 : ~하기 위하여 (to 부정사의 부사적 용법)

He cannot believe what was reported about the accident.

→ 그는 그 사건에 대하여 보도된 것을 믿지 못한다.

★ what + be + p.p. : ~된 것

(비교: He cannot believe what she reported. → 그는 그녀가 보고한 것을 믿지 못한다.)

★ what 주어 + 동사 : 주어가 ~한 것

Story inside you

Why do you think did the Prince want to have the coffin with Snow Drop inside?

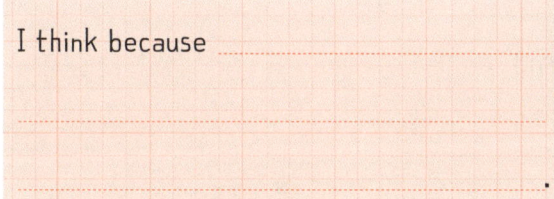

Reading 33

But they said, "We will not give it up for all the gold of the world."
Then he said, "Then give it to me as a gift, for I cannot live without Snow Drop to gaze upon and I will honor and reverence it as my dearest treasure."
When he had said these words, the good Dwarfs pitied him and gave him the coffin. The Prince bade his servants carry it on their shoulders. Now it happened that they stumbled over some brushwood, and the shock dislodged the piece of apple from Snow Drop's throat. In a short time she opened her eyes, lifted the lid of the coffin, sat up and came back to life again completely. 950L

Words & phrases

honor [ánər] ~에 경의를 표하다, 존경하다

reverence [révərəns] 숭배하다

treasure [tréʒər] 보배, 귀중한 것

bade [beid] bid의 과거형 (bid: ~에게 명하다)

stumble [stʌ́mbə] 넘어지다, 비틀거리다

brushwood [brʌʃwud] (관목) 숲

shock [ʃɔk] 충격, (심한) 진동

dislodge [dislɑ́dʒ] 이동시키다, 제거하다

throat [θrout] 목구멍

lid [lid] 뚜껑

completely [kəmplíːtli] 완전히

▶ More words

Words	Meaning	Words	Meaning

▶ Translate for yourself

Translate the following English sentences into Korean.

❶ 'Then give it to me as a gift, for I cannot live without Snow Drop to gaze upon and I will honor and reverence it as my dearest treasure.'

　　　　　　　　　　　　　　　　　　　　　　　　　　　　　　　　　　　．

❷ Now it happened that they stumbled over some brushwood, and the shock dislodged the piece of apple from Snow Drop's throat.

　　　　　　　　　　　　　　　　　　　　　　　　　　　　　　　　　　　．

▶ Give me a clue

Please show me your new toy.

(= Please show your new toy to me.)

→ 나에게 너의 새 장난감을 제발 보여줘.

★ 수여동사 A B : A에게 B를 주다 (= 수여동사 B to A)

I have no friends to play with.

→ 나는 함께 놀 친구가 하나도 없다.

★ to + 동사원형: ~ 할 (to 부정사의 형용사적 용법)

The recent success encouraged him to put more effort on work.

→ 최근의 성공이 그로 하여금 일에 더 많은 노력을 기울이도록 용기를 북돋웠다.

★ 무생물 주어 : 생명이 없는 주어가 (마치 살아 있는 생물이) 행동하는 것처럼 쓰이는 경우를 말합니다.

▶▶ Story inside you

What is your dearest treasure? Why is it so precious to you?

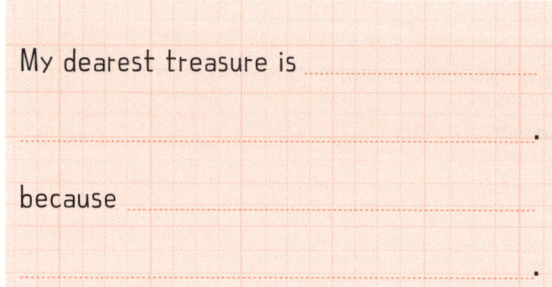

Questions for details

❶ Why couldn't the Dwarfs bury Snow Drop in the earth?

❷ How did a Prince come to the seven Dwarfs' house?

❸ What did the Prince ask to the Dwarfs looking at the coffin with Snow Drop inside?

❹ Why did the Dwarfs decide to grant the Prince's request?

❺ How did Snow Drop happen to come to life again?

Grammar for writing

Translate the following into English using the given expressions.

❶ 엄마는 어제 차를 수리되도록 하셨다. (repair)

_____

❷ 각각의 학생이 선생님과 면담을 하는 것이 필요하다. (each, meeting, necessary)

_____

❸ 하룻밤 새에 날씨가 매우 추워져서 나는 겨울옷을 꺼냈다. (overnight)

_____

❹ 내가 소파에서 잠들면 아빠가 나를 침대에 눕혀주시곤 했다. (asleep, couch)

_____

❺ 그녀는 내일 놀이동산에 갈 허락을 받기 위하여 숙제를 열심히 하고 있는 중이다.
(allow, amusement park)

_____

❻ 나는 바이올린 연습할 시간이 충분하지 않다. (enough, violin)

　

❼ 엄마가 나에게 할아버지께 엽서 한 장을 보내라고 말씀하셨다. (send, a postcard, grandpa)

　

❽ 그는 게시판에 적힌 것을 읽고 있었다. (bulletin board, write)

🍃 Write in your own words

요약문 글쓰기의 마지막 기술로 'paraphrasing(다른 말로 바꾸어 표현하기)'을 소개합니다. 영어 글쓰기에서 매우 중요한 기술 중 하나인데요. 이것은 다른 사람의 글을 읽고 그 내용을 자신의 글에 사용할 때 원문의 내용을 유지하면서 형태는 바꾸는 것입니다. 원문을 그대로 옮겨서 쓸 경우에는 큰 따옴표를 써서 표시해주고, 내용만 원문에서 가져올 때는 paraphrasing 기술을 써서 일반 문장처럼 써주면 됩니다.

예를 들어, 원래 문장이 "Then give it to me as a gift, for I cannot live without Snow Drop to gaze upon and I will honor and reverence it as my dearest treasure.(그러면 그것을 나에게 선물로 주게, 나는 바라볼 눈송이 공주가 없으면 살 수 없고 내가 그 관을 나의 가장 소중한 보물로 경의를 표하고 숭배할 테니)"일 때, 이러한 왕자의 말을 여러분의 요약문이나 독후감에 쓰려고 한다고 생각해봅시다. 왕자의 말을 그대로 옮기는 방법 하나, 왕자의 말의 내용은 옮기되 여러분의 말로 바꾸어서 옮기는 방법, 이렇게 두 가지가 있습니다.

왕자의 말의 내용은 그대로 두고 여러분의 글로 그 내용을 옮기려면 어떻게 해야 할까요? 영어 글쓰기에서는 통상적으로 원문의 단어를 3~5 단어 이상 똑같이 사용하면 올바른 paraphrasing이 아니라고 합니다. 물론 이름 등의 고유 명칭이나 일상적인 단어들은 제외하지요. 그래도 꽤 엄격한 기준이지요? 그래서 paraphrasing은 원어민들도 어려워하는 고난이도의 글쓰기 기술이랍니다.

paraphrasing을 하는 가장 좋은 방법은, 여러분이 원문의 중심 내용을 이해하고 '여러분이 이해한 것'을 전달하는 방식을 택하는 것입니다. 예를 들어, 위의 왕자의 말의 중심 내용은 무엇인가요? 왕자는 눈송이 공주를 진심으로 아끼고 사랑하고 있어서 없으면 죽을 것 같고, 그래서 눈송이 공주를 소중히 다루겠다고 약속하고 있어요. 이 내용을 영어로 옮기면 되는 것입니다. 그러면, "The prince said that he cared for Snow Drop from all his heart and was willing to cherish her as the most precious."와 같이 원문과 전혀 다른 모습이지만 내용은 같은 문장이 나오게 됩니다.

여기서도 동의어를 사용하거나 문장 형식을 바꿔서 다른 형태의 문장을 만들 수 있습니다. 예를 들어, '진심으로'는 'from all one's heart, sincerely, truly, wholeheartedly' 등과 같이 다양하게 표현될 수 있습니다. 동의어는 사전에서 쉽게 찾아볼 수 있어요. 그리고 문장 형식도 다르게 바꿀 수 있습니다. 예를 들어, "The prince, who sincerely/truly/wholeheartedly cared for Snow Drop, promised to look after/cherish her as the most precious."와 같이 관계대명사절을 써서 다르게 표현할 수 있습니다.

이와 같이 paraphrasing은 고도의 단어 실력과 문법 실력을 요구하는 기술입니다. 원어민들도 계속 연습해야 할 정도이니, 여러분이 어렵고 막막하게 느끼는 것은 당연합니다. 가장 좋은 방법은, 원문을 잊고 원문의 중심 내용을 이해해서 친구에게 전달하듯 바꿔보는 것입니다. 그때는 원문의 영어 표현에서 벗어나 여러분의 영어로 표현하려고 노력해야 합니다. 그렇지 않으면, 계속 원문의 단어나 표현을 쓰고 싶은 유혹을 떨치기 어렵게 됩니다. 우리말로 중심 내용을 다시 써본 후, 영어로 옮기는 것도 좋은 방법 중 하나입니다.

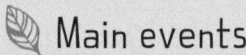 Main events

7단원의 중심 내용을 3~4가지로 정리해봅니다. 이번 단원에서는 원문의 표현을 그대로 쓰지 않고, 여러분의 말로 표현하는 paraphrasing 연습에 초점을 둡니다.

_____.

↓

_____.

↓

_____.

↓

_____.

Summary

정리된 주요사건을 바탕으로 3~5문장의 요약문을 써봅니다. 새로 배운 paraphrasing 기술을 잊지 마세요!

Chapter 8

Snow Drop's Marriage

8단원 ◆ 눈송이 공주의 결혼

학습 목표

1. 읽기 & 번역하기
- 주격 관계대명사 + be동사의 생략
- so A that ~ not : 너무 A해서 ~ 못하다

2. 요약하는 글쓰기
- 주요 사건을 바탕으로 전체 이야기의 흐름 파악하기
- Snow Drop 이야기의 전체 요약문 쓰기

3. 영화로 보는 눈송이 공주 이야기
- 해피엔딩

8단원 학습 목표 가이드

이야기의 마지막 단원을 마무리하며, 전체 이야기의 흐름을 주요 사건을 중심으로 정리합니다. 짧은 본문이 아닌 긴 이야기 전체의 요약문을 작성함으로써 지금까지 배운 요약하기 기술을 효과적으로 활용하여 긴 글 쓰기에 도전합니다.

Before You Read

Vocabulary

Step 1 Match each sentence to the picture that best describes it.

❶ The two people finally agree with each other and shake their hands.

❷ I had lots of delicious food in the wedding feast.

❸ Mom gives my little brother punishment because he played games on her smart phone.

❹ In winter, we heat our house using the stove.

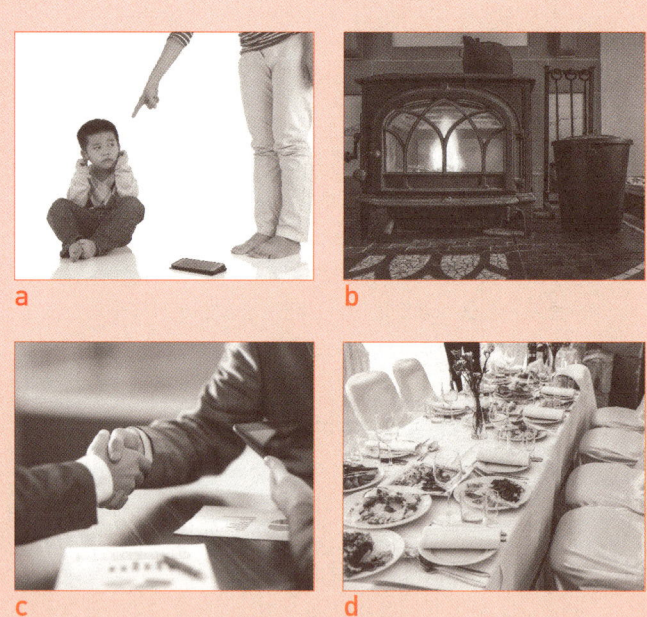

a

b

c

d

Step 2 Now, find out the meanings of the words in red from the sentences in step 1. Write each word's meaning in Korean. Share your answers with friends.

❶ agree :

❷ feast :

❸ punishment :

❹ heat :

➠ Topic preview

Step 1 At the end of a story, the bad person usually gets punishment. What punishment do you want to give to the wicked Queen? Talk with your friends.

> The punishment I want to give to the Queen is _____
> _____.

Step 2 Read part 35 quickly. What punishment did the Queen receive? What happened to her after the punishment?

> The punishment the Queen received was _____.
> She _____ after the punishment.

While You Read

Reading
34

"O Heaven, where am I?" she asked.
The Prince, full of joy, said, "You are with me." He related what had happened, and then said, "I love you better than all the world. Come with me to my father's castle and be my wife."
Snow Drop agreed and went with him, and their wedding was celebrated with great magnificence. Snow Drop's wicked stepmother was invited to the feast. When she had put on her fine clothes, she stepped to her Glass and asked, "Mirror, Mirror on the wall, who is the fairest of us all?"
The Glass answered, "Queen, you are the fairest here, I hold.
But the young Queen is fairer a thousand fold." 940L

Words & phrases

heaven [hévən] 하늘, 신

joy [dʒɔi] 기쁨, 행복

relate [riléit] 이야기하다, 관련시키다

castle [kǽsl] 성

agree [əgríː] 동의하다, 찬성하다

wedding [wédiŋ] 결혼식

celebrate [séləbrèit] 거행하다, 공표하다

magnificence [mæɡnífəsns] 장엄, 훌륭함

feast [fiːst] 잔치, 축제

fine [fain] 훌륭한

More words

Words	Meaning	Words	Meaning

Translate for yourself

Translate the following English sentences into Korean.

❶ The Prince, full of joy, said, 'You are with me.'

❷ I love you better than all the world.

❸ Snow Drop agreed and went with him, and their wedding was celebrated with great magnificence.

Give me a clue

The old man, (who were) tired and sick, knocked on the door.

→ 그 노인은, 지치고 병들었는데, 그 문을 두드렸다.

★ 주격 관계대명사 + be동사 : 주격관계대명사는 생략되지 않지만, be 동사와 함께라면 생략될 수 있습니다.

Jack likes chocolate better than all the other snacks.

→ Jack은 다른 모든 간식보다도 초콜릿을 좋아한다.

★ better than all~ : 모든 ~보다 더, 최고로

Claire walked out to the hall with great fear.

→ Claire는 엄청난 공포에 떨며 복도 밖으로 걸어 나갔다.

★ with + 명사 : ~로, ~한 상태로

Story inside you

Why do you think the wicked Queen was invited to Snow Drop's wedding?

I think because

Reading 35

Then the wicked woman uttered a curse, and was so terribly frightened that she did not know what to do. Yet she had no rest. She felt obliged to go and see the young Queen. And when she came in, she recognized Snow Drop and stood stuck still with fear and terror. At that time, iron slippers were heated over the fire and were soon brought in with tongs and put before her. And she had to step into the red-hot shoes as a punishment and dance till she fell down dead. 870L

▶ Words & phrases

utter [ʌ́tər] 말하다, 입 밖에 내다

curse [kəːrs] 저주, 악담

terribly [térəbli] 무섭게, 지독하게

frightened [fráitnd] 두려운, 놀란

yet [jet] 그러나, 아직

obliged [əbláidʒd] 의무감이 드는, 감사하는

recognize [rékəgnàiz] 알아보다, 인정하다

stuck [stʌk] 움직일 수 없는, 갇힌

still [stil] 조용한, 아직도

terror [térər] 공포, 두려움

iron [áiərn] 철

slipper [slípər] 실내화

heat [hiːt] 가열하다, 열

tongs [tɔ(ː)ŋz] 집게

punishment [pʌ́niʃmənt] 벌, 형벌

▶ **More words**

Words	Meaning	Words	Meaning

▶ **Translate for yourself**

Translate the following English sentences into Korean.

❶ Then the wicked woman uttered a curse, and was so terribly frightened that she did not know what to do.

....

....

❷ She recognized Snow Drop and stood stuck still with fear and terror.

....

....

❸ At that time, iron slippers were heated over the fire and were soon brought in with tongs and put before her.

....

....

▶ Give me a clue

Logan was so seriously ill that he did not go to the picnic.

→ Logan은 너무 심각하게 아파서 소풍에 가지 않았다.

★ so A that ~ not : 너무 A해서 ~ 하지 않다

You should stand still where you lost your parents.

→ 너는 부모님을 잃어버린 그 장소에 가만히 서 있어야 한다.

★ stand still : 가만히 서 있다

Thomas always takes care of his sister.

(= Thomas' sister is always taken care of by Thomas.)

→ Thomas는 항상 그의 여동생을 돌봤다.

★ 동사 + 전치사/부사 구문은 수동태로 바뀔 때 항상 같이 움직입니다.

▶ Story inside you

Do you think the queen deserved her punishment?

Or was it too cruel?

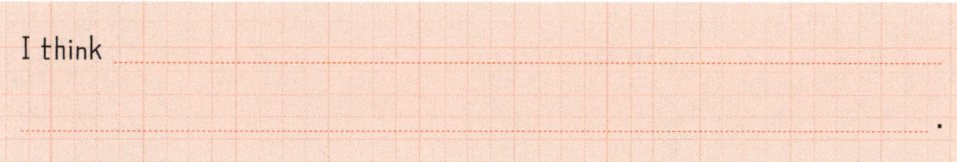

Questions for details

❶ What did the Prince ask to Snow Drop when she were alive?

❷ When the wicked Queen was preparing for going to Snow Drop's wedding, what did she do?

❸ Why was the wicked Queen terribly frightened listening to what the Glass said?

❹ What was the punishment for the wicked Queen in Snow Drop's wedding?

Grammar for writing

Translate the following into English using the given expressions.

❶ 나의 새 집은 지금까지 세 번이나 도둑이 들었다. (break into, so far)

❷ 엄마는 선글라스를 쓰고 사진 찍는 것을 좋아하신다. (sunglasses, picture)

❸ Jack은, 매우 피곤한 상태였는데, 곧장 침대로 갔다. (tired, straight)

❹ 충격을 받은 그 아이는 내 앞에 가만히 서 있었다. (child, shocked)

❺ 내 우편물들은 항상 나의 이웃에 의해 찾아진다. (mail, pick up)

❻ 네 눈을 감고 나를 따라와. (close)

_____.

❼ 날씨가 너무 추워서 나는 이틀동안 밖에 나가지 못했다. (cold / go outside)

_____.

🍃 Relating main events

눈송이 공주의 이야기가 다 끝났습니다. 재미있으셨나요? 이제 전체 이야기의 흐름을 파악하여 이 책의 전체 요약문을 써볼 시간입니다. 앞의 내용을 벌써 다 잊어버렸다고요? 괜찮습니다. 우리는 이미 각 본문의 내용을 요약해왔기 때문에 그 내용들을 다시 살펴보면서 전체 내용을 파악하면 된답니다. 하지만 전체 요약하기가 부분 요약하기를 합한 것이 되어서는 안 됩니다.

각 본문의 요약문을 살펴보고 전체 이야기의 맥락에서 중요성을 판단하여 각 과의 주요 사건 중에서도 가장 중요한 사건을 선택하도록 합니다. 또한 전체 이야기를 요약하는 과정에서 주요 사건을 매끄럽게 연결하는 것이 중요합니다. 매끄럽다는 것은 읽는 사람이 쉽게 이해할 수 있다는 의미이지요. 예를 들어, 여왕은 눈송이 공주를 죽이려고 한 뒤, 항상 거울에게 누가 가장 아름다운지 물어봅니다. 그리고 거울의 대답에 따라 눈송이 공주가 살았는지 죽었는지 알게 되죠. 두 번이나 눈송이 공주를 죽이는 데 실패한 여왕은 거울의 말을 듣고 또 다른 계획을 세우게 됩니다. 주요 사건만 보자면, '거울에게 질문을 한 뒤 여왕은 ~한 계획을 세웠다'가 되겠지만 사실은 눈송이 공주를 죽이기 위한 계획이죠. 그러므로 '거울의 대답으로 눈송이 공주가 살아 있다는 사실을 알게 된 여왕은 눈송이 공주를 죽이기 위해 ~한 계획을 세웠다'로 쓰는 것이 읽는 사람이 쉽게 이해할 수 있습니다.

이렇게 사건과 원인과 결과에 대한 해석을 여러분이 덧붙여주어야 읽는 사람들이 사건의 흐름을 쉽게 따라갈 수 있답니다. 이러한 해석이 포함되기 때문에 같은 이야기를 읽고도 다양한 요약문이 나올 수 있는 것이지요. 언제나 읽는 사람의 입장에서 이해하기 쉬운 글을 쓰도록 노력해야 합니다.

 ## Main events

전체 8단원의 주요 사건을 20개 이하로 정리해봅니다. 지금까지 배운 요약문의 기술에 (세부 사항 다루기, 시간의 흐름 나타내기, 다른 말로 바꾸어 표현하기, 주요 사건 간의 관계 설명하기) 유념하여 전체 이야기의 주요 사건을 다시 선택해봅니다. 영어나 우리말로 자유롭게 적어보세요.

1 _____.

↓

2 _____.

↓

3 _____.

↓

4 _____.

5 ↓

6 ↓

7 ↓

8 ↓

9 ↓

10 ↓

11 ↓

12

13 ↓

14 ↓

15 ↓

16 ↓

17 ↓

18 ↓

19 ↓

20

Summary of Snow Drop

다시 정리한 주요 사건을 바탕으로 25문장 이내의 전체 요약문을 써봅니다. 지금까지 배운 요약하기의 기술을 잘 기억해주세요!

「Snow Drop」8단원의 Summary를 하고 나서, 영화 「Sydney White」를 01:32:13부터 끝까지 시청하거나 다음의 영화 Summary를 읽어보세요.

Happy Ending

Gurkin lends his laptop to Sydney and she starts to rewrite her politics final paper in the library. After sending her paper to the professor by email, she falls into sleep and fails to wake up before the discussion. Thankfully, Tyler discovers her in the library. To wake her up, Tyler kisses on her lips. At the discussion, Sydney emphasizes that everyone is weird in some ways but they should not be unfairly treated only because they are weird. Thanks to her good speech, she wins the election. The Kappa members who are deeply moved by Sydney's speech, regret their faults and kick Rachel out of the sorority. Sydney and seven Dorks remodel Vortex. Tyler and Sydney become a happy couple. The Dorks are not outsiders anymore. All of them enjoy wonderful campus life.

Compare & contrast

「Snow Drop」과 「Sydney White」는 모두 행복한 결말입니다. 어떤 결말이었는지 알아볼까요?

	Questions	Snow Drop	Sydney White
1	How did Snow Drop and Sydney wake up?	When the Prince's servants who carried Snow Drop's coffin stumbled over some brushwood, the piece of apple came out from Snow Drop's throat.	
2	What happened to them after they woke up?	Snow Drop married to the Prince and lived happily ever after.	
3	What happened to the Queen and Rachel?	The Prince invited the Queen to the party and made her wear red-hot iron shoes.	

 Think creatively

「Sydney White」의 괴짜들은 시드니의 도움으로 자신감을 되찾고 (Jeremy, George) 새 친구를 사귀고 (Spanky), 더 이상 졸지 않고 (Embele), 연애에 성공하거나(Lenny, Gurkin) 부자가 됩니다(Terrence). Snow Drop의 난쟁이들에게도 괴짜들처럼 더 이상 아웃사이더가 아닌, 사람들과 어울려 살아가는 행복한 결말을 만들어주세요.

	Dwarfs	How would they live after the story?
1	Sneezy	
2	Sleepy	
3	Doc	
4	Dopey	
5	Bashful	
6	Happy	
7	Grumpy	

정답 및 해설

활용 안내

Before You Read
정답 예시와 정답 가이드 및 키워드를 참고하셔서 자녀/학생들의 정답을 확인하면 됩니다.

While You Read
- **Translate for yourself:** 번역 과제의 채점은 정답 및 해설에 나온 정답을 그대로 적용하셔도 됩니다. 간혹 국어사용에 있어서 사소한 차이는 있을 수 있지만, 본문에서 다루었던 문법이나 숙어에 대한 해석을 정확하게 적용하여 번역했는지 꼼꼼하게 확인해주셔야 합니다. 학생들이 두루뭉술한 번역을 피할 수 있도록 지도해주시기 바랍니다.
- **Story inside you:** '정답 가이드'에서 꼭 들어가야 하는 표현을 짚어드렸으니 그 외에는 자녀/학생들이 자유롭게 답안을 쓸 수 있도록 지도합니다. 답을 잘 못 쓰는 아이들에게는 '정답 예시'를 보여주셔도 좋습니다. 간혹 학부모님들께서 자녀의 답이 문법적으로 맞는지 틀리는지 헷갈리시는 경우에는 너무 신경 쓰지 마시고 넘어가셔도 좋습니다. 이 활동은 아이들이 자유롭게 재미로 쓰기를 할 수 있도록 마련한 과제이기 때문에 문법이나 단어에 대한 스트레스 없이 편하게 쓸 수 있도록 지도해주시면 됩니다. 수업에 이 책을 사용하시는 선생님들께서는 이 활동을 자연스럽게 그룹 토론이나 발표 활동으로 활용하실 수 있습니다.

Review
- **Questions for details:** 학생들이 본문의 내용을 완전히 이해했는지 확인하는 문제이기 때문에 답이 정해져 있다고 해도 무방합니다. 하지만 같은 내용이라도 표현하는 방식이 다르기 때문에 정답 가이드와 더불어 Key words를 제시해드렸습니다. 키워드와 일맥상통하는 표현이 들어간 경우에는 정답으로 간주하셔서 지도하시면 됩니다.
- **Grammar for writing:** 본문에서 배운 중요한 문법이나 표현을 사용해 영작을 해보는 활

동이고, 영작에 필요한 어려운 단어나 표현은 이미 주어지기 때문에 정답이 정해져 있다고 할 수 있습니다. 학생들의 영작은 정답과 비교하여 꼼꼼하게 확인해주시기 바랍니다.

Summary Writing

본 책 전체에 걸쳐 요약문 쓰기 활동에 대한 소개와 연습이 계속됩니다. 각 활동에 따라 정답 예시와 정답 가이드가 제공되므로, 이를 참고하셔서 학생들의 요약문을 점검하시고 지도해주시면 됩니다. 번역이나 영작 활동에 비해 학생들의 답안에 변수가 많기 때문에 보다 유연성 있게 활동을 이끌어주시기 바랍니다. 동시에 소개되는 글쓰기 기술들을 잘 적용했는지 확인하시고 올바르게 지도해주시기 바랍니다.

Connecting to Movie

학생들은 이야기와 영화의 요약문을 읽은 후 둘을 비교/대조하고, 이와 연계하여 창의적인 사고력을 발휘하거나 영화 속에 반영된 미국대학 생활 문화에 대해 알게 됩니다. 영화 요약문 및 정답에 대한 우리말 해석이 제공됩니다. 정답 예시와 정답 가이드가 제시되지만, 학생들이 자유롭고 창의적으로 활동에 참여할 수 있도록 학생들의 의견을 존중해주시기 바랍니다.

본문 해석

학생들이 본문 내용을 정확히 이해하고 있는지 확인하기 위해 본문의 우리말 해석을 활용하실 수 있습니다.

Before You Read

▶ Vocabulary

Step 1 질문: 각 문장과 이것을 가장 잘 묘사하는 그림을 서로 짝지어보세요.

★정답: ❶ a ❷ d ❸ e ❹ c ❺ b

◈ 정답 가이드
❶ 그녀는 손가락을 바늘에 찔렸다.
❷ 그녀가 부끄러워할 때에 그녀의 뺨은 붉게 변한다.
❸ 그는 그 고통이 견디기에는 너무 심해서 울었다.
❹ 그녀는 1등상을 탔다; 그녀는 모든 반 친구들을 능가했다.
❺ 그는 그의 여자 친구가 또 다른 남자에게 말하는 것을 본 후에 질투심으로 화가 났다.

Step 2
질문: 이제, Step1에 있는 문장의 빨간색 글자로 적힌 단어들의 의미를 알아내보세요. 각 단어의 의미를 우리말로 적어보세요. 친구들과 답을 공유해보세요.

★정답: ❶ prick: (바늘 따위로) 찌르다   ❷ cheek: 뺨
　　　　❸ endure: 견디다   ❹ surpass: ~보다 낫다, ~를 능가하다
　　　　❺ jealousy: 질투심

▶ Topic preview

Step 1
질문: 여러분의 친구들 중에 예쁜 친구를 한 명 고르고, 그 또는 그녀를 아름답게 만들어주

228

는 것 세 가지를 적어보세요. 다음의 예시를 이용하세요.
* 예시 : 내 친구 지수는 착한 마음, 따뜻한 미소, 그리고 흰 피부를 가지고 있어서 아름답다.
★정답 예시: (My friend) Minsu is beautiful (because he has) caring heart, handsome face, and humor.
→ 내 친구 민수는 남을 돌보아주는 마음, 잘생긴 얼굴, 그리고 유머를 가지고 있어서 아름답다.

◈ 정답 가이드
첫 번째 빈칸에는 친구의 이름을 영어로 적고, 그 친구의 성별에 따라 he/she에 동그라미를 하도록 지도하세요. 두 번째 빈칸에는 세 가지 특징을 명사나 명사구 형태 (형용사+명사)로 적되, 병렬로 올바르게 연결하도록 지도하세요(',' 로 연결하다가 마지막에는 'and'로 연결합니다). 단지 외모에 대한 묘사에 치중하지 않고, 그 친구의 성격, 품성, 버릇과 같이 다양한 부분에서 아름다움을 찾을 수 있게 지도해 주세요.

Step 2

질문: 본문 2를 빠르게 읽어보세요. 눈송이 공주는 당신의 친구와 똑같은 아름다운 것들을 가졌나요? 아니면 다른 것들을 가졌나요? 친구와 말해보세요.
★정답 예시: (Snow Drop had) different (beautiful things compared to my friend). (She had) white skin, red cheeks and black hair.
→ 눈송이 공주는 내 친구와 다른 아름다운 것들을 가졌다. 그녀는 하얀 피부, 빨간 뺨, 그리고 까만 머리카락을 가졌다.

◈ 정답 가이드
Snow Drop의 아름다움 세 가지를 본문 2를 빠르게 읽어 찾고, Step 1에서 묘사한 친구의 아름다움과 비교, 대조하여 자유롭게 기술하도록 지도하세요. Snow Drop의 아름다움은 겉모습에 대한 것 뿐이지만 자신이 고른 친구의 아름다움은 다양한 분야에서 찾을 수 있다는 점을 발견할 수 있으면 더 좋습니다.

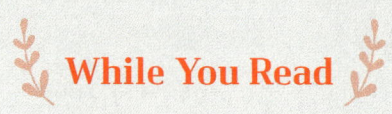
While You Read

··· 본문 1 ···

▶ Translate for yourself
★정답 예시:
❶ 한겨울이었다.
❷ 이제 여왕은 까만 나무 창틀에 앉아 바느질을 하고 있었다.

▶ Story inside you
질문: 한겨울에 여러분이 가장 좋아하는 것은 무엇인가요? 왜 그것을 좋아하나요?
★정답 예시: (I like to) go skiing, (because) I love speed and snow.
→ 나는 빠른 속도와 눈을 좋아하기 때문에 스키 타러 가는 것을 좋아한다.

◈ 정답 가이드
학생들이 좋아하는 겨울 놀이들에 대해 자유롭게 쓰도록 지도 바랍니다.

··· 본문 2 ···

▶ Translate for yourself
★정답 예시:
❶ 그 붉은 색이 하얀색 위에서 너무나 사랑스럽게 보여서 그녀는 혼자 생각했다.
❷ 눈처럼 하얀 아이를 내가 가지면 좋을 텐데.
❸ 얼마 뒤, 그녀는 딸을 가졌는데 그녀의 머리카락은 흑단 창틀처럼 까맸다.

▶ Story inside you
질문: 여러분의 생일에 무엇을 바라는지 적어보세요.

★정답 예시: (If only) I had a puppy (on my birthday).

→ 내 생일에 강아지를 가지면 좋을 텐데.

◈ 정답 가이드
현재 일어나지 않은 일을 바라는 것이므로, If only 구문에 다음에 동사의 과거형을 썼는지 확인해주세요.

··· 본문 3 ···

▶ Translate for yourself
★정답 예시:
1. 그녀는 누군가가 자신보다 더 아름답다는 것을 견딜 수가 없었다.
2. 그녀가 자신을 바라보며 그것 앞에 섰을 때, 이렇게 말하곤 했다.
3. 우리들 중 누가 가장 예쁘니?

▶ Story inside you
질문: 여러분의 삶에서 가장 행복했던 순간은 무엇인가요?

정답 예시: (I was) the happiest (when) our family went to travel all together.

→ 나는 우리 가족이 모두 함께 여행을 갔을 때 제일 기뻤다.

◈ 정답 가이드
즐거운 추억에 대해 학생들이 자유롭게 쓸 수 있도록 지도해주시고, 가능하면 구체적으로 그 추억에 대해 묘사할 수 있는 기회를 주시기 바랍니다.

··· 본문 4 ···

▶ Translate for yourself
★정답 예시:
① 그녀는 그 거울이 진실을 말했다는 것을 알았기 때문에 만족했다.
② 눈송이 공주는 자라면서 점점 더 아름다워졌고, 그래서 그녀의 아름다움이 여왕의 아름다움을 능가했다.
③ 그러나 눈송이 공주가 천 배는 더 아름답다.

▶ Story inside you
질문: 아래 문장을 완성하세요.
★정답 예시: (I forgot to bring my homework from home, so that) I called Mom to bring it to school.
→ 나는 숙제를 가져오는 것을 잊어버려서 엄마께 전화해서 그것을 학교로 가져다 달라고 했다.

◈ 정답 가이드
숙제를 잊어버리고 안 가져오는 것은 흔한 경험이지요. 실제로 학생들이 이런 위기에 어떻게 대처했는지 자유롭게 써보도록 지도해주세요.

··· 본문 5 ···

▶ Translate for yourself
★정답 예시:
① 그때 이후로, 그녀가 눈송이 공주를 볼 때마다 그녀의 마음이 상했다.
② 그녀는 그 작은 소녀를 싫어했고 그녀의 마음속의 부러움이 잡초처럼 자라나서 그녀는 밤에도 낮에도 쉴 수 없었다.
③ 나는 그녀를 다시는 보지 않겠다.

▶▶ Story inside you

질문: 여러분의 마음이 상했던 때를 묘사해보세요.

★정답 예시: (My heart) was broken, (when) my best friend moved out to a different city.

→ 내 가장 친한 친구가 다른 도시로 이사 갔을 때, 내 마음이 상했다.

◈ 정답 가이드

학생들의 속상했던 기억에 대해 써보는 활동입니다. 그 기억에 대한 자세한 묘사와 더불어 왜 그렇게 속이 상했는지 솔직하게 써보도록 지도해주세요.

Questions for details

❶ 어떻게 눈송이 공주의 어머니는 하얗고, 빨갛고, 검은 아이를 바라게 되었나요?

★정답 예시: She saw her blood drops falling on the snow at a black window frame, and found them so beautiful that she wished for a child like that. (그녀는 검은 창틀에서 눈 위에 떨어진 붉은 핏방울을 보았고, 그것이 너무 아름다운 것을 발견하고는 그와 같은 아이를 바라게 되었다.)

◈ 정답 가이드

눈송이 공주의 어머니의 눈에 까만 창틀을 통해 새하얀 눈 위에 떨어진 붉은 핏방울이 너무 아름답게 보여서 그와 같은 아이를 원했다는 내용이 들어가야 합니다.

Key words: blood, snow, window frame, beautiful/lovely

❷ 왜 왕은 다른 아내를 맞아들였나요?

★정답 예시: Because Snow Drop's mother died when she was born. (눈송이 공주의 어머니가 그녀가 태어날 때 돌아가셨기 때문이다.)

◈ 정답 가이드
눈송이 공주가 태어날 때 어머니가 돌아가셨다는 내용이 들어가야 합니다.
Key words: die, born

❸ 새 여왕은 무엇을 참을 수 없었나요?
★정답 예시: She could not endure anyone is more beautiful than herself. (그녀는 자신보다 더 예쁜 누군가가 있다는 것을 참을 수 없었다.)
Key words: anyone/everyone, beautiful/pretty/fair

❹ 여왕이 가진 거울의 마법의 힘은 무엇이었나요?
★정답 예시: The looking-glass tells who is the fairest/most beautiful of all. (그 거울은 사람들 모두 중에 누가 가장 아름다운지를 말해준다.)
Key words: the fairest/most beautiful

❺ 왜 여왕은 질투심으로 속상했나요?
★정답 예시: Because Snow Drop became more beautiful/fairer/prettier than the Queen. (눈송이 공주가 여왕보다 더 예뻐졌기 때문이다.)

◈ 정답 가이드
눈송이 공주가 여왕보다 더 예뻐졌다는 내용이 들어가면 정답으로 봅니다.

❻ 여왕은 사냥꾼에게 무엇을 부탁했나요?
★정답 예시: She asked him to take Snow Drop to the wood, kill her, and bring her

lungs and liver as tokens. (그녀는 그에게 눈송이 공주를 숲으로 데려가서, 그녀를 죽이고, 그녀의 폐와 간을 징표로 가져오라고 했다.)

◈ **정답 가이드**

눈송이 공주를 죽이고, 그 증거로 폐와 간을 가져오라고 한 내용이 들어가면 됩니다. 폐와 간을 구체적으로 열거하거나, 징표라는 뜻의 'tokens'만 쓰면 정답으로 봅니다.

Key words: kill, bring, lungs (폐는 두 개이므로 복수형으로 씁니다), liver, tokens

🍃 Grammar for writing

❶ I am watching TV eating snacks.
(동사A+동사B ~ing: B하면서 A하다)
❷ It was so hot that I turned on an/the air conditioner.
(so 형용사 that: 너무 ~ 해서 ~하다)
❸ If only I were an invisible man!
(if only 과거형/had p.p.: ~라면 좋을 텐데/좋았을 텐데)
❹ The sea is as blue as the sky.
(A as 형용사 as B: A가 B만큼 ~한)
❺ My hair is curly, so that I always comb my hair. / I have curly hair, so that I always comb my hair.
(A, so that B: A하다, 그래서 B하다)
❻ My school bag is heavier than my little sister.
(형용사+er than A: A보다 더 ~한)
❼ This is the thinnest laptop in the world.
(the 형용사+est: 가장 ~한)
❽ Animals are often hit by a car on the mountain road.

(be p.p.(과거분사): ~ 되다/당하다)

❾ I don't want neither an apple or an orange.

(neither A nor B : A도 B도 아니다)

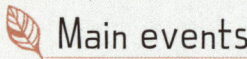 Main events

12 – 2 – 14 – 5 – 9 – 15 – 6 – 4 – 17 – 8 – 19 – 7 – 11 – 10

12+2 – 14+5 – 9+15 – 6+4 – 17+8 – 19 – 7+11 – 10

Summary

★정답 예시: The Queen was sewing at the window in the middle of winter and pricked her finger. Seeing her blood on the snow, she hoped to have a baby who is white as snow, red as blood, and black as window frame. Although the Queen died right after the baby girl was born, the baby was pretty as she wished and called Snow Drop. The King had a new wife and she had a magic mirror telling the truth. She used to ask who the most beautiful in the world is to the mirror, and the mirror said that the new Queen is the most beautiful. Snow Drop was getting prettier and prettier as she grew up. One day, the mirror said that Snow Drop is the most beautiful and the new Queen was angry. She ordered the Huntsman to kill Snow Drop and bring her the tokens.

Connecting to Movie

영화 Summary 해석

🍃 시드니의 새로운 대학 생활

시드니 화이트는 아홉 살 때 어머니가 돌아가신 18살짜리 소녀이다. 시드니는 배관공 아버지에 의해 자랐다. 그녀가 마침내 (어머니가 다녔던 곳과 같은!) 대학에 입학하게 됐을 때, 시드니는 엄마가 속했던 것과 똑같은 여학생 클럽(미국 대학에서 특별한 여학생들만 들어오는 클럽)인 카파(the Kappas)에 들어가기로 결심한다. 카파는 그 학교의 회장인, 레이첼 위치번에 의해 운영된다. 레이첼은 자신이 여왕(1등)을 하고 있는 학교의 온라인 미인 순위에 시드니가 신입생인데도 불구하고 진입했기 때문에 시드니에게 화가 난다. 결국 레이첼은 질투심 때문에 카파 기숙사에서 시드니를 내쫓는다.

Compare & contrast

★정답 예시:

	Questions	Snow Drop	Sydney White
1	Heroin (여주인공)	The Princess	A college freshman (대학 신입생)
2	Mother (어머니)	The Queen (여왕)	The Kappa sorority member (카파 여학생 클럽 멤버)
3	What happened to mother? (어머니에게 무슨 일이 일어났나)	Died when she was born (그녀가 태어났을 때 돌아가심)	Died when she was 9 (그녀가 9살 때 돌아가심)
4	Father (아버지)	The King (왕)	plumber (배관공)
5	Hater of the heroin (여주인공을 싫어하는 사람)	The new Queen (새로운 여왕)	Rachel Witchburn (레이첼 위치번)
6	The reason of hate (싫어하는 이유)	The Glass said that Snow Drop was more beautiful than the new Queen. (거울이 새 여왕보다 눈송이 공주가 더 예쁘다고 말했기 때문이다.)	Sydney got into the school's online beauty ranking even though she was a freshman. (시드니가 신입생인데도 불구하고 온라인 미인 순위에 진입했기 때문이다.)

| 7 | What did the hater do to the heroin?(여주인공을 싫어하는 사람들은 무엇을 했나요?) | The new Queen asked a Huntsman to kill Snow Drop and bring her lungs and liver.(새로운 여왕은 사냥꾼에게 눈송이 공주를 죽이고 그녀의 폐와 간을 가져오라고 요청했다.) | Rachel kicked out of Sydney from the Kappa dorm. (레이첼은 카파 기숙사에서 시드니를 내쫓았다.) |

Think creatively

1. ★정답 예시: The most interesting part of the movie to me is the heroin. Snow Drop was the Princess, while Sydney White is a normal college student. It is also interesting that the movie changed the magic mirror into the school's online beauty ranking.
(영화에서 눈송이 공주가 평범한 대학생으로 설정된 것이 가장 재미있는 부분이라고 생각한다. 또, 마법 거울을 학교의 온라인 여학생 미인 순위로 바꾼 점도 흥미롭다.)

◆ 정답 가이드
영어가 가능하다면 문법이 많이 틀리더라도 자신의 생각을 영어로 말해보게 하시고, 영어가 힘들다면 우리말로 자유롭게 Snow Drop과 Sydney White의 다른 점 중 재미있는 부분을 친구들과 의견을 나눠보도록 지도하세요.

2. ★정답 예시: The similarity is that both the story and the movie deal with choosing the fairest lady of all, which makes the second beautiful woman feel very jealous. The difference is that in the story, only the magic mirror can judge which woman is the fairest, while in the movie, the school's online beauty ranking can reflect many people's opinions through the Internet voting system.
(공통점은 둘 다 가장 아름다운 여인을 뽑는 것과 관련이 있어, 두 번째로 아름다운 여인의 질투심을 불러일으킨다는 점이고, 차이점은 이야기에서는 마술 거울 혼자만 가장 아름다운 여인을

판단할 수 있지만, 영화에서는 학교의 온라인 미인 순위가 인터넷 투표 시스템을 통해 많은 사람들의 의견을 반영할 수 있다는 것이다.)

◈ **정답 가이드**
공통점의 키워드는 '가장 아름다운 여인을 뽑아준다'는 것이고, 차이점의 키워드는 '마법 거울은 혼자 미인을 뽑지만, 온라인 미인 순위는 여러 사람의 의견을 바탕으로 뽑는다'입니다. 이 외에도 학생들이 창의적인 대답을 할 수 있도록 많이 격려해주세요.

 Culture inside

◈ **정답 가이드**
아이들이 한국 학교에 존재하는 특별한 학생 집단에 대해 알고 있거나 경험한 것을 자유롭게 말할 수 있도록 지도해주세요. 아이들의 학교생활에 대해서 더 자세히 알 수 있는 좋은 기회가 됩니다.

본문 해석

1. 한겨울 어느 날이었어요. 하늘에서는 눈송이가 깃털처럼 내렸어요. 그때, 한 여왕님이 까만 나무 창틀에 앉아 바느질을 하고 있었어요. 바느질을 하면서 여왕님은 눈을 바라보았어요. 갑자기 그녀는 바늘에 손가락이 찔렸고, 눈 위에 피가 세 방울 떨어졌어요.

2. 흰색 위에 그 빨강이 너무나 사랑스러워서 그녀는 속으로 생각했어요: '내가 눈처럼 하얗고, 피처럼 빨갛고, 창틀 나무처럼 까만 아이를 가질 수만 있다면.' 얼마 후에, 여왕님은 딸을 하나 낳았어요. 그리고 그 아이의 머리카락은 까만 나무처럼 까맣고, 그런 반면 볼은 피처럼 빨갛고, 피부는 눈처럼 하얬어요. 그래서 그 아이는 눈송이 공주라고 불렸어요.

3. 그러나 그 아기가 태어났을 때, 여왕님은 돌아가셨어요. 1년 후에, 왕은 또 다른 아내를 맞아들였어요. 그녀는 아름답지만 거만한 여자였어요. 그녀는 그 누구라도 그녀보다 더 아름

다운 것은 견디지 못했어요. 그녀는 마법의 거울을 하나 갖고 있었어요. 그 거울 앞에 서서 그녀 스스로를 바라보며, 그녀는 말하곤 했어요. "거울아, 벽에 걸린 거울아, 우리들 중에 누가 제일 예쁘니?"

4. 그러자 거울이 대답했어요.
"여왕님, 당신이 그들 중에 가장 예쁩니다."
그녀는 거울이 진실을 말한다는 것을 알았기 때문에 만족했어요. 눈송이 공주는 자라서 점점 더 아름다워졌고, 그녀의 아름다움은 여왕의 아름다움을 넘어섰어요. 한 번은, 여왕이 그녀의 거울에게 물었어요,
"거울아, 벽에 걸린 거울아, 우리들 중에 누가 가장 예쁘니?"
거울이 대답 했어요, "여왕님, 여기서는 당신이 가장 예쁘십니다.
하지만 눈송이 공주가 천 배는 더 예뻐요."

5. 여왕은 충격을 받아서 질투심으로 얼굴이 초록빛이 됐어요. 그때 이후로, 그녀는 눈송이 공주를 볼 때마다 마음이 부서졌어요. 여왕은 그 작은 소녀를 싫어했어요. 그녀 마음속의 부러움은 잡초처럼 자라나서, 그녀는 낮에도 밤에도 쉬지 않았어요. 결국, 여왕은 사냥꾼 한 명을 불러서 말했어요: "그 아이를 숲속으로 데리고 가라. 나는 그 아이를 다시는 보지 않을 것이다. 당신은 그 아이를 죽이고, 그 아이의 폐와 간을 징표로 나에게 가지고 오라."

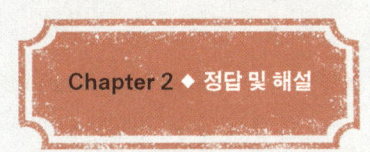

Before You Read

▶ Vocabulary

Step 1

★정답: ❶ c ❷ a ❸ b ❹ e ❺ d

◆ 정답 가이드
❶ 그 경찰관은 그가 교통법규를 따르지 않았기 때문에 그를 멈춰 세웠다.
❷ 그녀는 닭튀김을 게걸스럽게 먹었고, 배탈이 났다.
❸ 그는 너무 날씬해졌기 때문에 허리띠에 또 다른 구멍을 뚫었다.
❹ 내 남동생이 청소를 하고 나니 거실이 매우 깨끗하다.
❺ 이 셔츠는 나에게 맞지 않아요. 더 큰 걸로 입어볼 수 있어요?

Step 2

★정답:
❶ obey: 따르다, 순종하다 ❷ devour: 게걸스럽게 먹다, 먹어치우다
❸ pierce: ~를 뚫다 ❹ neat: 깨끗한, 단정한
❺ suit: 적합하다. ~에 맞다

▶ Topic preview

Step 1

질문: 낯선 장소에 혼자만 남겨져 본 적이 있나요? 무엇을 느꼈나요? 다음의 예시를 이용해서 그것에 대해 적어보세요.

*예시 : 나는 여섯 살 때 캠핑장에 혼자 남겨졌어요. 너무 무서웠어요.

★정답 예시: (I was left alone) in the playground (when I was) seven. (I was) lonely.
→ 나는 일곱 살 때 운동장에 혼자 남겨졌다. 나는 외로웠다.

◆ 정답 가이드
혼자 남겨진 장소를 in 뒤에, when I was 뒤에 그때에 몇 살이었는지를 적습니다. 그때의 감정을 떠올려서 작성하도록 지도하세요.

Step 2
질문: 본문 8을 빠르게 읽어보세요. 눈송이 공주는 숲에 혼자 남겨졌을 때 어떤 감정을 느꼈나요? 여러분의 감정과 눈송이 공주의 감정을 비교해보세요. 친구들과 이야기해보세요.
★정답 예시:
(Snow Drop felt) frightened (when she was left alone in the forest. She had) a different (feeling compared to mine).
→ 눈송이 공주는 숲에 혼자 남겨졌을 때 겁에 질렸다. 그녀는 나와는 다른 감정을 느꼈다.

◆ 정답 가이드
본문 8에서 눈송이 공주가 혼자 남겨졌을 때 느낀 감정을 빠르게 읽고 파악하여 첫 번째 빈칸에 적고, Step 1에서 작성한 자신의 느낌과 비교하여 같은 감정이라면 the same을, 다른 감정이라면 a different를 선택하도록 지도하세요.

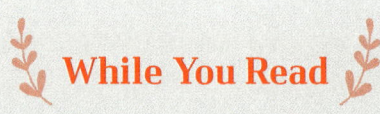
While You Read

··· 본문 6 ···

▶▶ Translate for yourself
★정답 예시:
❶ 그가 사냥용 칼을 뽑아, 그것을 그녀의 죄 없는/순결한 심장에 꽂으려 준비하는 중에
❷ 그녀의 아름다움 때문에, 그 사냥꾼은 그녀를 딱하게 여겼다.

▶▶ Story inside you
질문: 누구 또는 무엇을 딱하게 여겼나요?
★정답 예시: (I had) pity on the dog on the street (because) he looked hungry.
→ 나는 길거리의 개가 딱해 보였다, 왜냐하면 그가 배고파 보였기 때문이다.

◈ 정답 가이드
"pity on"이라는 표현이 꼭 들어가야 하며, 앞 시제가 had로 과거이기 때문에, because 이후의 동사 시제도 과거로 맞춰줍니다.

··· 본문 7 ···

▶▶ Translate for yourself
★정답 예시:
❶ 그는 마치 그의 마음으로부터 부담이 없어지는 것처럼 느꼈다, 그녀를 죽일 것을 강요받지 않았기 때문에.
※ 긴 문장을 번역할 때는 굳이 한글 어순에 맞춰서 하지 않고, 앞에서부터 차례대로 해석해도 좋습니다. 한글 어순에 맞춰서 해석하면 "그는 그녀를 죽일 것을 강요받지 않았기 때문에 마치 그의 마음으로부터 부담이 없어지는 것처럼 느꼈다"가 됩니다.

◈ 정답 가이드
어차피 숲속 야생동물들에 의해 곧 죽임을 당할 것이라는 생각이 사냥꾼에게 눈송이 공주를 꼭 직접

죽이지 않아도 된다는 위안을 줬다는 뜻입니다.

❷ 그 순간, 어린 사슴이 껑충 뛰며 왔다.

◆ **정답 가이드**
'by'는 '그냥 지나가다' 정도의 뉘앙스를 주는 표현으로 굳이 따로 번역하지 않아도 좋습니다.

❸ 요리사는 그것들을 음식으로 차려 올리도록 명령받았다.

◆ **정답 가이드**
'up'은 여왕 같이 높은 사람에게 음식을 '올려드리다'의 뉘앙스로 이해하면 됩니다.

▶▶ Story inside you

질문: 집에서 무엇을 하라고 강요받나요?

★정답 예시: (I) am obliged to play with my younger sister.
→ 나는 어린 여동생과 놀아주라고 강요받아요.

◆ **정답 가이드**
"am obliged to+동사"의 표현이 꼭 들어가는 것을 제외하고는 자유롭게 집에서 할 것을 강요받은 일에 대해 쓰면 됩니다. 학부모님들께서는 이 활동을 통해, 아이들이 평소에 집에서 해야만 하는 일 중 어떤 것이 힘든지 알아볼 수 있는 기회도 된답니다.

··· 본문 8 ···

▶▶ Translate for yourself

★정답 예시:

❶ 그녀는 너무 겁이 나서 무엇을 해야 할지 몰랐다.

◈ 정답 가이드

1단원 본문 2에서 'so 형용사 that: 너무 ~해서 ~하다'라는 구문을 배웠습니다. 이를 기억하고 제대로 번역했는지 확인해주세요.

❷ 그 동물들은 그녀를 해치지 않고 그녀 옆을 지나갔다.
❸ 그녀는 그녀의 발이 그녀를 데려갈 수 있는 만큼 멀리 뛰었다, 거의 저녁이 될 때까지.

▶▶ Story inside you

질문: 무엇이 당신을 겁먹게 만드나요?

★정답 예시: (I am) frightened by frogs (because) they are green and slippery.
→ 나는 개구리가 무섭다, 왜냐하면 그들은 초록색이고 미끌미끌하기 때문이다.

◈ 정답 가이드

'frightened/scared/horrified/terrified by'의 표현이 꼭 들어가야 합니다. 질문에 'frightened'라는 단어가 있지만, 대답에는 비슷한 뜻의 다른 단어들이 들어가도 좋습니다. 단, 이 단어들의 형식이 p.p.(과거분사)이어야 합니다. 아이들에게는 각자 무서워하는 것들이 있습니다. 알레르기 반응을 일으키는 음식일 수도 있고, 과거의 나쁜 기억 때문에 특정 동물을 무서워할 수도 있습니다. 자녀가 자유롭게 두려운 기억을 공유할 수 있도록 지도해주시고, 그 이유가 무엇이든 존중해주시기 바랍니다.

··· 본문 9 ···

▶▶ Translate for yourself

★정답 예시:
❶ 집 안은, 모든 것이 작았지만 가능한 한 최대한 깔끔하고 깨끗했다.
❷ 하얀 천이 덮인 작은 탁자가 7개의 작은 접시가 준비된 채로 서 있었다.

◈ **정답 가이드**

'stand ready'는 접시가 놓여 테이블 세팅이 되어 있다는 의미로 해석합니다.

❸ 모든 접시 옆에 수저, 나이프, 포크와 컵이 있었다.

◈ **정답 가이드**

'by every plate'가 강조를 위해 문장 앞으로 오고 주어/동사도 도치되었으므로, 부사구를 먼저 해석하도록 지도합니다.

▶ Story inside you

질문: 당신의 방에 있는 책상 옆에는 무엇이 있나요? 'is'나 'are' 중에 하나를 고르고 문장을 완성하세요.

★정답 예시: (By the desk in my room), is a bookshelf.
→ 내 방 책상 옆에는 책장이 하나 있다.
(By the desk in my room), are chairs.
→ 내 방 책상 옆에는 의자들이 있다.

◈ **정답 가이드**

책상 옆에 있는 물건을 하나만 말하고 싶으면 'is'에 동그라미를 치고 관사 'a'+단수명사로 쓰게 하고, 여러 개의 물건들을 말하고 싶으면 'are'에 동그라미 치고 복수명사 형태로 쓰게 해주세요.

··· 본문 10 ···

➦ Translate for yourself
★정답 예시:
❶ 그녀는 각각의 접시에서 약간의 빵과 야채를 먹었다.
❷ 그러고 나서, 그녀는 너무 피곤해서 침대 중 하나에 누웠다.

➦ Story inside you
질문: 눈송이 공주는 그녀가 음식을 먹은 것을 숨기려고 각 접시에서 음식을 조금씩만 먹었는데요. 여러분은 눈송이 공주처럼 무언가를 숨기려고 해본 적 있나요? 왜 그것을 숨겼나요?
★정답 예시: (Being) ashamed, (I tried to hide) that I got a low score on the math test.
= (Because I was) ashamed, (I tried to hide) that I got a low score on the math test.
→ 부끄러워서, 나는 수학 시험에서 낮은 점수를 받은 것을 숨기려고 노력했다.

◈ 정답 가이드
이유를 나타내는 분사구문을 활용해서 숨기려고 했던 행동과 그 이유를 설명하게 지도하세요. 분사구문을 어려워한다면 'Because'로 시작하는 절을 먼저 만들어보게 한 후 접속사와 주어를 지우는 과정을 직접 보여주세요. 분사구문은 매우 중요한 문장 구조이므로 여러 번 반복해서 익숙해지도록 도와주세요. 이 질문에 대한 답은 다소 자극적일 수 있습니다. 하지만 아이들이 주눅 들지 않고 솔직하게 자신의 경험을 공유할 수 있도록 지도합니다. 이러한 공유를 통해 무언가를 숨기고 싶은 마음이 혼자만의 마음이 아니라는 것을 공감하는 기회를 가질 수 있습니다.

🍃 Questions for details

❶ 왜 사냥꾼은 눈송이 공주를 죽이지 않기로 결정했나요?
★정답 예시: Because Snow Drop asked him to spare her life and he had pity on her because of her beauty. (눈송이 공주가 목숨을 살려달라고 사냥꾼에게 부탁했고, 사냥꾼도

눈송이 공주의 아름다움 때문에 그녀를 딱히 여겼기 때문이다.)

◈ **정답 가이드**

'Why'라는 질문이었기 때문에 답은 'because'로 시작할 수 있게 지도해주세요. 눈송이 공주가 간청한 사실과 사냥꾼이 눈송이 공주를 불쌍히 생각했다는 내용이 들어가면 정답으로 간주합니다.

Key words: because, spare, ask/beg, pity

❷ 왜 사냥꾼은 마음의 짐이 없어진 것 같이 느꼈나요?

★정답 예시:

Because he thought that Snow Drop would be killed by beasts.
(눈송이 공주가 맹수들에 의해 죽임을 당할 것이라고 그가 생각했기 때문이다.)
Beasts would devour Snow Drop, although he did not kill her.
(그가 그녀를 죽이지 않았다고 할지라도 맹수들이 눈송이 공주를 잡아먹을 것이다.)

◈ **정답 가이드**

사냥꾼은 눈송이 공주를 죽이지 않아도 어차피 숲에 혼자 남겨진 눈송이는 맹수에게 죽임을 당할 것이라고 생각했습니다. 그래서 여왕님의 명령을 꼭 따르지 않아도 된다는 생각에 마음의 부담이 덜어진 것처럼 느낀 것이지요. 아이들이 사냥꾼의 이러한 심리를 파악했다면 꼭 정답과 같은 형태가 아니어도 정답으로 인정합니다.

Key words: beast, kill

❸ 사냥꾼은 어떻게 눈송이 공주를 죽인 징표를 가져갔나요?

★정답 예시:

He hunted a young fawn and took its lungs and liver.
(그는 새끼사슴 한 마리를 사냥해서 폐와 간을 꺼냈다.)
He killed a young fawn and took its lungs and liver to the Queen.
(그는 새끼사슴 한 마리를 죽여서 폐과 간을 꺼내어 여왕에게 가져갔다.)

Key words: hunt/kill, fawn, lungs, liver

❹ 숲에 혼자 남겨지자, 눈송이 공주는 무엇을 했나요?
★정답 예시:
She ran and ran being frightened until she found a little house.
(그녀는 겁에 질려 작은 집을 발견할 때까지 뛰고 또 뛰었다.)
She ran as far as her feet could carry her till it's nearly evening.
(그녀는 거의 저녁이 될 때까지 그녀의 발이 할 수 있는 한 멀리 달아났다.)

◈ 정답 가이드
눈송이 공주가 저녁때까지 또는 작은 집을 발견할 때까지 달렸다는 내용이 들어가면 됩니다. 중요한 것은 눈송이 공주가 겁에 질려 그 자리에 있지 않고 다른 곳으로 옮겨갔다는 사실입니다.

Key words: run, frightened

❺ 작은 집에서 눈송이 공주는 무엇을 발견했나요?
★정답 예시: She found a table with seven plates with a spoon, knife, fork, and cup, and seven little beds. (그녀는 수저, 나이프, 포크, 컵과 함께 7개의 접시가 있는 식탁과 7개의 작은 침대를 발견했다.)

◈ 정답 가이드
너무 자세하게 본문의 내용을 그대로 옮기지 말고, 가장 중요한 7개의 접시와 7개의 침대 이야기가 들어가면 정답으로 간주합니다. 다른 내용보다 7명이 살고 있다는 것을 암시하는 7개의 집기/가구 내용을 파악하는 것이 중요합니다.

Key words: find, plate, bed

❻ 왜 눈송이 공주는 그 집에서 음식을 먹고 잠이 들었나요?
★정답 예시: Because she was very hungry, thirsty, and tired. (왜냐하면 그녀가 너무 배

가 고팠고, 목이 말랐고, 지쳤기 때문이었다.)

◈ 정답 가이드

다양한 답이 나올 수 있는 문제입니다. 본문에서는 한 사람의 몫을 다 먹어치우지 않으려고 각 접시에 있는 음식을 조금씩 먹었고, 자기한테 맞는 침대를 찾다가 7번째 침대에서 잠이 들었다는 구체적인 내용이 나옵니다. 하지만 이 문제에서는 그러한 자세한 내용보다는 왜 남의 집에서 주인도 없는데 음식을 먹고 잠을 청하게 되었는지를 눈송이 공주가 처한 상황과 연관 지어 생각하는 것이 중요합니다. 눈송이는 목숨을 잃을 뻔하고 하루 종일 숲속을 헤매다가 왔기 때문에, 배고프고 목마르고 지쳐 있었습니다. 눈송이 공주의 행위에 대한 배경과 원인에 초점을 맞추어 지도해주시기 바랍니다.

Key words: hungry, thirsty, tired

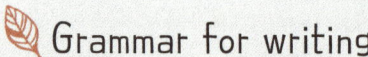 Grammar for writing

❶ We were playing hide-and-seek yesterday.
(was/were + ~ing: ~을 하는 중 이었다, 과거진행형)
❷ I am bored to death.
(사람 주어 + be 동사 + p.p.(과거분사): ~하게 되다, ※~to death: ~죽을 정도로)

◈ 정답 가이드

frighten, surprise, bore과 같은 동사들은 '~한 감정을 느끼게 하다'라는 의미를 공통적으로 가집니다. 따라서 '겁을 먹은, 놀란, 지루한'과 같은 감정을 나타내려면 이 동사들의 p.p.(과거분사)형을 사용해야 합니다.

❸ She says as though it were real.
as though/if + 동사의 과거형 / had+p.p. : 마치 ~한/ ~했던 것처럼
❹ When I got home, the TV program had already ended.
(had p.p.: 대과거, 과거의 어느 시점보다 더 오래된 과거)

❺ We prepared for the presentation as hard as we could.
(as ~ as 주어 can: 주어가 가능한 한 최대한 ~ 하게)
❻ Because of too much homework, Sujin looks unhappy.
(Because of 명사/~ing : ~ 때문에, look+형용사: ~해 보인다)
❼ In front of my eyes was the famous painting.
(부사구+동사+주어: 부사구를 강조하기 위해 문장 맨 앞으로 가져오고 주어와 동사 자리를 바꾼다.)
❽ Waking up so late, I was late for school.
(분사구문: 접속사를 생략해도 뜻이 통할 때 문장을 간단하게 하기 위해 접속사를 없애고, 대신 접속사절의 동사를 ~ing형으로 바꾼다. 주절과 접속사절의 동사의 시제가 같으면 그냥 ~ing로 바꾸고, 접속사절의 시제가 더 과거이면 having p.p형으로 바꾼다. 주어가 같을 경우, 주어도 생략한다.)

Summary Writing

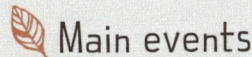 Main events

사냥꾼은 여왕님의 명령에 따라 눈송이 공주를 죽이러 숲으로 데려갔다.
↓
눈송이 공주는 사냥꾼에서 살려달라고 부탁했고, 사냥꾼은 그런 눈송이 공주를 딱하게 여겼다.
↓
사냥꾼은 눈송이 공주를 죽이지 않고 숲에 혼자 버려두고, 대신 새끼사슴의 폐와 간을 여왕님께 눈송이 공주를 죽인 증거로 바쳤다.
↓
눈송이 공주는 숲에서 혼자 저녁까지 헤매다가 작은 집을 발견하고 쉬러 들어갔다.
↓
그 집에는 7개의 접시가 있는 식탁과 7개의 침대가 있었는데, 배고프고 지친 눈송이 공주는 식탁의 음식을 먹고 침대에 누워 잠이 들었다.

◈ **정답 가이드**

주요 사건의 Cue는 학생들이 사건의 시간적 흐름을 파악할 수 있을 정도의 최소한의 단서만을 제공합니다. 각 사건들을 이어주는 다른 주요 사건들은 학생들이 파악해서 살을 붙여야만 합니다. 우선, 학생들이 혼자 힘으로 해보도록 지도한 후, 예시 정답을 바탕으로 추가할 내용을 지도해주시기 바랍니다. 수업시간에 진행하시는 경우에는 모둠활동으로 진행하셔서 학생들이 토론을 통해 의견을 나누어 모둠별 과제로 수행하게 지도하시면 효과적입니다.

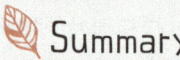Summary

★**정답 예시:** Obeying the Queen's order, the Huntsman took Snow Drop to the forest to kill her. Snow Drop asked him to spare her life, and he had pity on her. Deciding not to kill her, the Huntsman left her alone in the wood and took a fawn's lungs and liver to the Queen as the tokens. Wandering alone in the wood until the evening, Snow Drop found a little house and got into it to rest. There were 7 plates on the table and 7 beds. Being tired and hungry, Snow Drop ate some food on the table and fell asleep on one of the beds.

◈ **정답 가이드**

2단원에서 배운 분사구문이 요약문을 쓰는 데 유용한 표현입니다. 학생들이 쓴 요약문에서 분사구문으로 고칠 수 있는 부분은 고쳐서 보다 간결하고 이해하기 쉬운 문장을 쓸 수 있도록 지도해주세요.

본문해석

6. 그 사냥꾼은 복종하고 눈송이 공주를 숲으로 데리고 갔어요. 그러나 그가 그의 사냥용 칼을 뽑아 그것을 그녀의 순결한 심장에 꽂으려고 할 때, 그녀는 울기 시작했어요: "아! 사냥꾼님, 제 목숨을 살려주세요. 거친 숲으로 도망가서 다시는 돌아오지 않을게요." 그녀의

아름다움 때문에 그 사냥꾼은 그녀를 불쌍히 여겼어요.

7. 사냥꾼은 '야생 맹수들이 곧 너를 먹어치울게다'라고 생각하며 말했어요, "도망가라 불쌍한 아이야." 그는 눈송이 공주를 죽이도록 강요받지 않았기 때문에 그의 마음으로부터 부담이 없어지는 것처럼 느꼈어요. 그 순간, 어린 새끼 사슴이 지나갔어요. 그는 그것을 잡아 여왕님께 드릴 징표로 폐와 간을 꺼냈어요. 요리사는 그것들로 음식을 차려내라는 명령을 받았고, 그 사악한 여왕은 그것들이 눈송이 공주의 것이라고 생각하며 먹었어요.

8. 이제 그 불쌍한 아이는 주변에 사람 하나도 없이 혼자 큰 숲에 남겨졌어요. 그녀는 너무나 겁을 먹어서 무엇을 해야 할지 몰랐어요. 그녀는 뛰기 시작했고 날카로운 돌을 넘어 가시나무를 통과해 달려갔는데 그동안 동물들은 그녀를 해치지 않고 지나갔어요. 그녀는 거의 저녁이 될 때까지 그녀의 발이 갈 수 있는 한 멀리 뛰었어요.

9. 그녀는 작은 집을 발견하고는 쉬기 위해 그 안으로 들어갔어요. 집 안은, 모든 것들이 작았지만 최대한 단정하고 깨끗했어요. 하얀 천으로 덮인 작은 탁자에는 일곱 개의 작은 접시가 마련되어 있었어요. 각각의 접시 옆에는 숟가락, 칼, 포크와 컵이 놓여 있었어요. 일곱 개의 작은 침대가 눈처럼 하얀 침대 덮개에 덮여 벽을 향해 늘어서 있었어요.

10. 눈송이 공주는 너무나 배가 고프고 목이 말랐어요. 그녀는 한 사람의 몫을 다 먹고 싶지 않았기 때문에 각 접시로부터 빵과 야채를 조금씩 먹고 각 컵에서 조금씩 포도주를 마셨어요. 그리고 나서 너무 피곤해져서 그녀는 침대 중 하나 위에 누웠어요. 그녀는 모든 침대를 다 시도해봤는데 그녀에게 맞는 것은 없었어요. 딱 맞는 일곱 번째 침대를 빼고는, 하나는 너무 짧고 다른 하나는 너무 길었어요. 그녀는 거기 머물렀고 잠이 들었어요.

Before You Read

📖 Vocabulary

Step 1

★정답: ❶ c ❷ d ❸ f ❹ a ❺ e ❻ b

◆ 정답 가이드

❶ 우리 고모는 감기에 걸렸다; 그녀는 심하게 재채기를 한다.
❷ 나는 캠핑을 하고 있었을 때 차를 마시기 위해 불을 피웠다.
❸ 그 아기 판다는 서툴다; 그는 나무에서 내려오는 것조차 못한다.
❹ 아빠는 정원에 구멍 하나를 파고 있다.
❺ 그녀는 그 갓난아기를 보고 매우 기뻐한다.
❻ 그 개는 놀라서 높이 뛰고 있다.

Step 2

★정답:

❶ sneeze: 재채기하다
❷ kindle: 불을 피우다
❸ clumsy: 서툰, 실수를 자주 하는
❹ dig: (땅을) 파다
❺ delighted: 기쁜
❻ astonishment: 놀람

📖 Topic preview

Step 1

질문: 본문 11을 빠르게 읽어보세요. 7명의 난쟁이 중에서, 누구의 이름이 가장 재미있게 들리나요? 하나를 고르고 왜 그렇게 느꼈는지 적어보세요.

★정답 예시: (For me), Doc (sounds most interesting because) he is actually smart like a doctor.
→ 나에게는, 닥이 가장 재미있게 들리는데, 그 이유는 그가 실제로 박사님처럼 똑똑하기 때문이다.

Step 2
질문: 여러분의 별명은 무엇인가요? 어떻게 그런 별명을 얻게 되었나요?
★정답 예시: (My nickname is) two minutes (and I got this nickname because) my first name sounds exactly like 'two minutes' in Korean.
→ 내 별명은 'two minutes'이었고, 이 별명은 내 이름이 한국어로 정확히 '2분'과 같은 발음이기 때문이에요.

◆ 정답 가이드
자신의 별명을 한국어나 영어로 자유롭게 써보고 그런 별명을 얻게 된 이야기를 소개하도록 지도합니다.

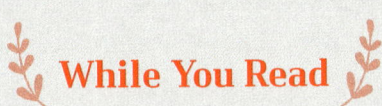

While You Read

··· 본문 11 ···

▶ Translate for yourself
★정답 예시:
❶ 그들은 7명의 난쟁이들이었는데, 그들은 광석을 위해 산을 캐곤 했다.
❷ 두 번째는 Dopey였는데, 너무 서툴러서 항상 실수를 했다.
❸ 마지막은 Happy였는데, 다른 난쟁이들을 웃기는 것을 즐겼다.

▶ Story inside you

질문: 무엇이 여러분이 영어를 공부하게 만드나요? 이유는? 'make'나 'makes' 중에 하나를 고르고 문장을 완성해보세요.

★정답 예시: American dramas make (me) study English (because) I want to watch them without subtitles.

→ 미국 드라마들이 내가 영어를 공부하도록 만드는데, 내가 자막 없이 드라마를 보고 싶어 하기 때문이다.

Mom makes (me) study English (because) she wants me to become an English teacher.

→ 엄마가 내가 영어를 공부하도록 만드는데, 엄마는 내가 영어 선생님이 되기를 바라시기 때문이다.

◆ 정답 가이드

make+A+동사원형: A가 ~하게 만들다/시키다 구문을 습득할 수 있도록 고안한 질문입니다. 영어를 공부하게 만드는 주체가 단수이면 makes에, 복수이면 make에 동그라미를 한 뒤 'me' 뒤에 동사원형을 적절하게 사용해서 문장을 완성합니다. 아이들의 영어학습 동기를 알 수 있는 질문입니다.

··· 본문 12 ···

▶ Translate for yourself

★정답 예시:
❶ 탁자 위의 모든 것들이 그들이 놓고 갔던 순서대로 있지 않았다.
❷ 누군가가 우리가 나가 있는 동안에 여기에 왔었음에 틀림없다.
❸ 그것은 늑대였을지도 모른다.

Story inside you

질문: 일곱 난쟁이처럼 미스터리한 일을 겪어본 적이 있나요?

★정답 예시: (I) felt very familiar with a stranger (when) I first saw her.
→ 나는 낯선 사람을 처음 보았을 때 매우 친숙하게 느꼈다.

◈ 정답 가이드

학생들에게 '미스터리한 일'이란 상당히 광범위합니다. 어른의 시각에서 한계를 두지 말고, 학생들이 자유롭게 자신의 경험을 나누어보도록 지도합니다. 필요한 경우, 길게 설명하는 것도 전혀 문제되지 않습니다. 학생들의 시각을 존중하고 경험에 관심 있게 반응해주세요.

··· 본문 13 ···

Translate for yourself

★정답 예시:

❶ 누가 내 침대 위를 밟은 거지?

◈ 정답 가이드

현재완료진행은 국어로 단순 과거처럼 번역될 수 있습니다. 국어에는 없는 시제이기 때문에 자연스러운 현상이고, 학생들이 현재완료진행의 개념을 이해하고 있으면 됩니다.

❷ 나머지들은 뛰어 올라와 말했다, "그리고 내 것도, 내 것도."
❸ 얼마나 아름다운 아이인지!

Story inside you

질문: 여러분이 경험한 것 중 가장 충격적인 일은 무엇인가요?

★정답 예시: (I was shocked when) my pet was dead in an accident.
→ 나는 애완동물이 사고로 죽었을 때 충격을 받았다.

◈ 정답 가이드
'shocking'과 'surprising'의 차이에 주목합니다. 'surprising'은 좋은 일이든 나쁜 일이든 놀라운 사건일 때 사용하는 반면, 'shocking'은 아래의 뜻처럼 공포나 혐오감 등의 나쁜 일로 심하게 놀랐을 때 사용합니다.
shocking: very surprising and upsetting or causing a sudden feeling of horror or disgust(출처: Merriam-Webster 사전)
학생들에게 불쾌하게 놀랐던 경험을 쓰게 지도하면서 자연스럽게 두 단어의 뉘앙스 차이를 설명해주세요.

··· 본문 14 ···

▶▶ Translate for yourself

★정답 예시:
❶ 그 일곱 난쟁이들은 너무나 기뻐서 그녀를 깨우지도 않았다, 일곱 번째 난쟁이의 침대에서 그녀가 자도록 내버려둔 채.
❷ 해피는 각각의 동료와 한 시간씩 밤동안 내내 동료들과 함께 잤다.

◈ 정답 가이드
'an hour with each(comrade)'는 '각각의 동료와 한 시간씩'이라고 해석합니다. 이 문장에서 each 다음에는 comrade가 생략되었어요.

❸ 나는 눈송이라고 불려.

◈ 정답 가이드
'~라고 불리다'라는 표현이 어색하면 '내 이름은 눈송이야'로 해석해도 무방합니다.

▶ Story inside you
질문: 눈송이 공주가 일곱 난쟁이를 보고 왜 겁을 먹었다고 생각하나요?
★정답 예시: (I think it was because) she had never seen dwarfs in person.
→ 내 생각에 그것은 그녀가 실제로 난쟁이를 본 적이 한 번도 없기 때문이다.

◈ 정답 가이드
Snow Drop에 등장하는 특정한 난쟁이들은 Dwarfs로 표기하지만, 여기서는 일반적인 난쟁이들을 가리키므로 dwarfs로 표기합니다. 눈송이 공주가 난쟁이를 보고 왜 놀랐는지 자유롭게 그 이유를 상상해보는 활동입니다. 어린 학생들일수록 창의적인 대답이 나올 수 있으니, 학생들의 상상력을 존중해주세요.

··· 본문 15 ···

▶ Translate for yourself
★정답 예시:
❶ 그다음 그녀는 그들에게 어떻게 그녀의 새어머니가 그녀를 없애기를 원했는지 말해주었다.
❷ 너는 우리 집안을 돌봐주고, 요리를 하고, 잠자리를 정돈해주겠니?
❸ 그 이후로, 그녀는 그들과 머물면서 그 집을 정리해두었다.

▶ Story inside you
질문: 왜 난쟁이들이 눈송이 공주에게 집안일을 해달라고 부탁했다고 생각하나요?

★정답 예시: (I think it is because) they tried not to make her feel sorry for staying with them to avoid the stepmother.
→ 내 생각에 그것은 그들이 그녀가 새어머니를 피하기 위해 그들과 함께 머무는 것에 대해 미안한 마음을 가지지 않도록 만들기 위해서인 것 같다.

◆ 정답 가이드

난쟁이들이 한 행동을 학생의 입장에서 해석해보는 활동입니다. 다양하고 창의적인 대답이 나올 수 있으니, 어떤 대답이든 경청하고 존중해주시기 바랍니다. 교실에서 활동을 진행할 때는 서로의 의견을 공유하고 비교하는 방식으로 진행해도 재미있을 것입니다.

Questions for details

❶ 일곱 난쟁이들은 어떤 종류의 일을 했나요?
★정답 예시: They used to dig in the mountains to get ore.
(그들은 광석을 얻기 위해 산을 캐곤 했다.)
Key words: dig, mountain, ore

❷ 어떻게 난쟁이들은 누군가가 그들의 집에 있었다는 것을 알아차렸나요?
★정답 예시:
They noticed it because everything on the table was not in the order in which they had left it. (그들은 식탁 위의 모든 것이 순서대로 있지 않았기 때문에 그것을 알아차렸다.)
*They noticed it because everything on the table was not in the way they left it. (그들은 식탁 위의 모든 것이 그들이 두고 간 방식대로 있지 않았기 때문에 그것을 알아차렸다.)

◆ 정답 가이드

본래 물건을 두었던 것과 다르게 위치가 바뀌었다는 내용만 들어간다면 정답으로 인정합니다.

Key words: table, in the order/ in the way, leave

❸ 눈송이 공주를 처음 보았을 때 난쟁이들은 눈송이 공주를 어떻게 생각했나요?

★정답 예시:

They thought she was very pretty. (그들은 그녀가 정말 예쁘다고 생각했다.)
They thought she was the prettiest of all. (그들은 그녀가 가장 예쁘다고 생각했다.)

◆ **정답 가이드**

난쟁이들은 눈송이 공주를 보고 놀라기도 했지만, 눈송이 공주의 아름다움에 감탄했습니다. 단순히 낯선 사람이 자신들의 집에 와 있어서 놀란 감정이 아닌, 눈송이 공주의 아름다움에 난쟁이들이 바로 반응했다는 내용을 학생들이 이해할 수 있게 지도해주세요.

Key words: pretty, beautiful

❹ 왜 난쟁이들은 눈송이 공주를 아침까지 깨우지 않고 자게 내버려 두었나요?

★정답 예시:

Because they were so happy to see her. (왜냐하면 그들이 그녀를 보고 너무 행복했기 때문이다.)
Because they were very excited to see her. (왜냐하면 그들이 그녀를 보고 너무 신났기 때문이다.)

◆ **정답 가이드**

난쟁이들은 낯선 눈송이 공주의 방문에 놀라기는 했지만, 그 아름다움 때문에 그녀의 방문을 기뻐했습니다. 그래서 자고 있는 눈송이 공주를 깨우지 않고 내버려둔 것이지요. 눈송이 공주가 불쾌하고 싫었다면 바로 깨워서 내쫓았을지도 모르는 일입니다. 이렇게 난쟁이들이 처음부터 눈송이 공주에게 호의를 갖고 있었다는 사실이 나중에 눈송이 공주가 쉽게 난쟁이들과 같이 살게 되는 사건과 연관이 있습니다.

Key words: happy/excited

❺ Happy는 눈송이 공주가 자신의 침대에서 자고 있을 때, 어디서 잠을 잤나요?

★정답 예시: He slept with the other Dwarfs for an hour with each of them. (그는 나머지 난쟁이들과 각각 한 시간씩 잠을 잤다.)

◈ 정답 가이드

나머지 여섯 난쟁이들과 한 명당 한 시간씩 잤다는 내용이 들어가면 정답으로 봅니다. 내용이 영어로 옮기기가 쉽지 않으니, 내용은 아는데 영어로 잘 표현을 못한다면 본문의 표현이나 정답 예시를 기준으로 지도해주셔도 좋습니다.

Key words: an hour, each

❻ 난쟁이들은 눈송이 공주를 집에 함께 머물게 하면서 그녀에게 무엇을 해달라고 부탁했나요?

★정답 예시:

They asked her to do house chores and make the house neat and clean. (그들은 그녀에게 집안일을 하고 집을 단정하고 깨끗하게 만들어 달라고 부탁했다.)

They asked her to look after their household, cook, make the beds, wash, sew and knit, and keep everything neat and clean. (그들은 그녀에게 집안을 돌보고, 요리하고, 잠자리를 정돈하고, 빨래를 하고, 바느질과 뜨개질을 하고, 모든 것을 단정하고 깨끗하게 유지해달라고 부탁했다.)

◈ 정답 가이드

이 질문에 대한 답은 본문과 동일하게 모든 세부 사항을 그대로 적어도 좋습니다. 하지만 난쟁이들이 부탁한 일이 집안일이라는 특징을 발견하여 의역하여 대답한다면 더욱 더 좋은 답이 될 것입니다. 이러한 능력은 세부 사항을 요약문에 넣을 때 매우 유용한 기술입니다.

Key words: clean, house, neat

🍃 Grammar for writing

❶ I see a man everyday, who speaks to himself.
(~, who…: 앞 절에 나온 사람을 관계대명사 who로 받는데, who 절은 그 사람을 수식하는 것이 아니라, 추가 정보를 제공한다).

❷ I want to have my own room in which I can stay alone.
(전치사+관계대명사: 연결되는 문장에서 공통되는 단어에 전치사가 필요한 경우에 관계대명사 앞에 전치사를 놓는다.)

❸ He must have lost his bag in the subway.
(must have p.p.: ~했음에 틀림없다)

❹ I might have forgotten to lock the door.
(might have p.p.: ~했을지도 모른다)

❺ We have been painting the house for three hours.
(have been ~ing: 현재완료진행, ~해왔고 지금도 하는 중이다.)

❻ What a fantastic story it is!
(What (a) 형용사+명사+주어+동사!: 감탄문, 얼마나 ~한 …인지!)

❼ Wake her up right now, or we will be late.
('동사+부사'의 구문에서 목적어가 대명사이면 두 단어 사이에 위치한다.)

🍃 Main events

집의 주인은 산에서 광석을 캐는 7명의 난쟁이였는데, 각자의 특징에 따라서 이름이 붙여졌다.
↓
난쟁이들이 집에 돌아와 식탁이 원래대로 있지 않은 것을 발견하고 누군가가 집에 들어왔다고 생각했다.
↓

난쟁이들은 일곱 번째 난쟁이의 침대에 눈송이 공주가 누워 자고 있는 것을 발견했다.
↓
눈송이 공주의 아름다움을 보고 기뻐한 난쟁이들은 눈송이 공주를 깨우지 않고 아침이 되어서 눈송이 공주가 어떻게 이 집에 오게 되었는지 들었다.
↓
눈송이 공주의 딱한 이야기를 들은 난쟁이들은 눈송이 공주가 집안일을 해주는 대가로 그 집에 머물게 해주었다.

◈ 정답 가이드

학생들은 똑같이 주어진 Cue를 가지고도 다르게 주요 사건을 생각할 수 있습니다. 정답 예시를 참고하셔서 전체 이야기 흐름에 필수적인 내용이 들어가 있는지 확인해주시고, 너무 세세한 부분은 제외하거나 통합해서 쓸 수 있도록 지도해주세요.

Summary

★정답 예시: The owner of the house was seven Dwarfs, who digged in the mountains for ore. (They were called, Doc, Dopey, Bashful, Grumpy, Sneezy, Sleepy, and Happy, respectively, named by their characteristics.) When they came home, they were surprised seeing that the table was not in the order they had left and thought somebody had been in the house. Then, they found Snow Drop sleeping on the bed of the seventh Dwarf(Happy). Being happy about her beauty, they left her sleeping until the morning and heard how she had gotten into the house. Feeling sorry about her situation, they allowed her to stay in the house if she did the housework in return.

◈ 정답 가이드

3단원에서 설명한 대로 난쟁이를 소개할 때 일관적인 방법으로 난쟁이를 지칭하는지 확인해주시기 바랍니다. 또한 시간적으로 순서의 차이가 있는 경우, 대과거(had p.p.)를 적절히 사용하는지도 확인해주세요.

영화 Summary 해석

🍃 시드니의 새 친구들; 일곱 괴짜들

시드니가 머물 곳이 없어 울고 있을 때, 레니가 그녀를 발견한다. 레니는 '괴짜들'이라고 불리는 다른 6명의 남자아이들과 살고 있다. 비록 그들은 아웃사이더들이고 그릭 로드(남녀 학생 클럽 기숙사가 있는 길)에 있는 오래되고 낡은 기숙사인 '볼텍스'에 고립되어 살고 있지만, 시드니를 그들의 기숙사로 맞아들였다. 일곱 괴짜들은 항상 과학 실험을 하는 터렌스, 재채기를 많이 하는 레니, 불평을 하기 위해서 '벌주는사람들닷컴'에 기사를 쓰는 걸킨, 여자들을 좋아하고 괴짜들을 웃게 해주는 스팽키, 너무 수줍어해서 자신의 손 인형 '스쿠저'를 통해서만 말을 하는 제레미, 나이지리아에서 왔지만 아직도 시차 때문에 항상 졸려하는 엠벨레, 그리고 신발 끈조차 묶을 줄 모르는 조지이다. 시드니는 볼텍스에서 괴짜들과 점점 더 친해지면서 즐거운 시간을 보낸다. 시드니는 일곱 괴짜들을 포함한 많은 학생들이 학교 회장인 레이첼에 의해 불평등한 대우를 받는다는 것을 깨닫는다. 시드니는 터렌스에게 학생들의 권리를 되찾는 것을 도와주기 위해 회장 선거에 출마해달라고 설득한다.

 Compare & contrast

★정답 예시:

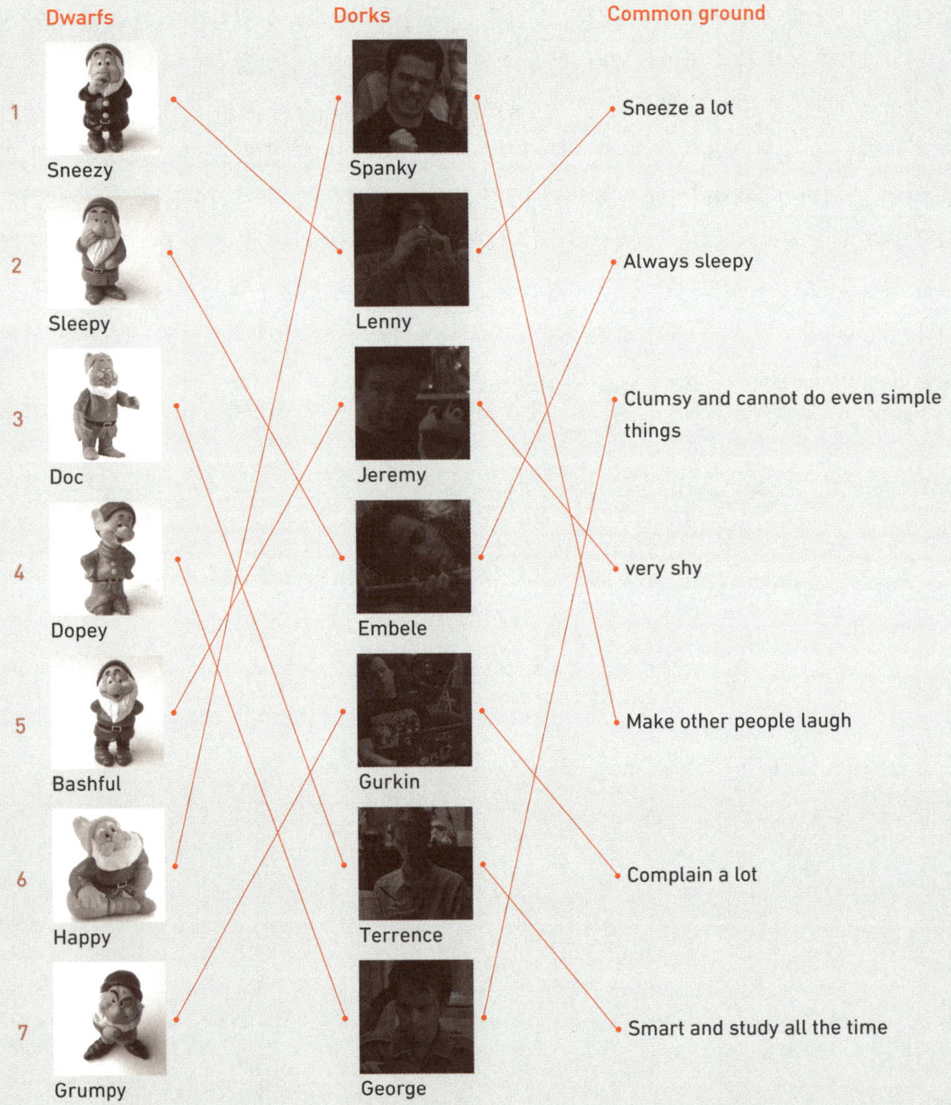

	Dwarfs	Dorks	Common ground
1	Sneezy	Spanky	Sneeze a lot
2	Sleepy	Lenny	Always sleepy
3	Doc	Jeremy	Clumsy and cannot do even simple things
4	Dopey	Embele	very shy
5	Bashful	Gurkin	Make other people laugh
6	Happy	Terrence	Complain a lot
7	Grumpy	George	Smart and study all the time

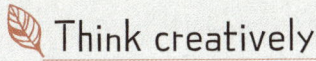# Think creatively

★정답 예시:

❶ I think Sleepy and Embele look most similar. Both of them fall asleep easily and look tired all the time.
(내 생각에는 슬리피와 엠벨레가 가장 비슷해 보인다. 둘 다 쉽게 잠이 들고 항상 지쳐 보인다.)

❷ I think Spanky and Happy look most different. Although both Spanky and Happy are outgoing, Spanky is only interested in women while Happy is not.
(내 생각에는 스팽키와 해피가 가장 달라 보인다. 비록 둘 다 외향적인 성격이긴 하지만 스팽키는 여자에게만 관심 있는 반면 해피는 그렇지 않다.)

본문해석

11. 꽤 어두워지자, 그 집의 주인들이 들어왔어요. 그들은 7명의 난쟁이들이었는데, 광석을 얻기 위해 산을 캐곤 했습니다. 첫 번째 난쟁이의 이름은 Doc이었는데, 그가 그들 모두 중에 가장 똑똑했기 때문이에요. 두 번째 난쟁이는 Dopey인데, 그는 너무 부끄러움을 많이 탔지만, 모두 중에 가장 상냥했지요. 네 번째 난쟁이는 Grumpy였는데, 항상 불평을 했어요. 다섯 번째는 Sneezy라고 불렸는데, 그 이름은 그의 지속적이고 심한 재채기 때문에 얻게 되었어요. 여섯 번째는 Sleepy였는데 항상 피곤하고 졸려 보였죠. 마지막 난쟁이는 Happy였는데 다른 난쟁이들을 웃기는 것을 즐겼답니다.

12. 그 일곱 난쟁이들은 집에 불을 켰어요. 그들이 볼 수 있게 되자마자, 누군가가 있다는 것을 알아차렸는데 식탁 위의 모든 것들이 그들이 두고 간 그 순서대로 있지 않았기 때문이에요.
Grumpy가 말했어요, "누가 내 접시의 것들을 먹어치웠지? 내 빵이 다 없어졌어!"

Doc이 말했어요. "누군가가 우리가 나간 사이에 이곳에 왔었음에 틀림없어."
Bashful이 말했어요. "늑대였을지도 몰라. 무서워!"
Sleepy가 말했어요. "걱정 마, Bashful. 아무도 우리 집을 찾을 수는 없어. 자러 가자. 나는 너무 피곤해."

13. 그러더니 Sleepy는 침실로 가서 그의 침대를 보고 말했어요, "누가 내 침대 위를 밟고 지나갔지?" 나머지 난쟁이들도 뛰어 올라와서 말했어요, "내 것도, 내 것도." 그러나 일곱 번째, Happy가 그의 침대를 들여다보았을 때 그곳에 누워 자고 있는 눈송이 공주를 보았어요. 그는 나머지 난쟁이들을 불렀고, 그들은 와서 놀라움에 소리를 질렀어요. 그들은 불빛을 들고 눈송이 공주를 놀라움에 차 쳐다보았어요. "맙소사! 어찌나 예쁜 아이인지!" 그들은 말했어요. "우와! 내가 본 중에 제일 예쁜 여자야!"라고 Happy가 소리쳤어요.

14. 일곱 난쟁이는 너무나 기뻐서 눈송이 공주를 깨우지 않고 일곱 번째 난쟁이 침대에서 자도록 내버려 두었어요. Happy는 밤새 친구들 한 명씩과 한 시간씩 잠을 잤어요. 아침에 오자, 눈송이 공주가 일어났고, 일곱 난쟁이를 보았을 때 그녀는 두려웠어요. 하지만 난쟁이들은 매우 상냥하게 그녀의 이름을 물었지요.
"나는 눈송이라고 해"라고 그녀가 대답했어요.
"우리 집에는 어떻게 들어온 거야?"라고 그들이 물었어요.

15. 그러고 나서 그녀는 난쟁이들에게 어떻게 그녀의 계모가 그녀를 없애버리기를 원했는지, 어떻게 사냥꾼이 그녀의 목숨을 살려주었고, 어떻게 그녀가 이 집을 발견할 때까지 하루 종일 달렸는지 말해주었어요. 그러자 난쟁이들이 말했어요, "네가 우리 집안을 돌봐주고, 요리를 해주고, 잠자리를 정돈해주고, 바느질과 뜨개질을 해주고, 모든 것을 단정하고 깨끗하게 해줄 수 있겠니? 그러면, 너는 대가 없이 우리와 함께 지낼 수 있어."
"그럴게"라고 눈송이 공주가 말했어요, "진심으로." 그 이후로, 눈송이 공주는 난쟁이들과 지내면서 그 집을 정돈해두었어요.

Before You Read

➡ Vocabulary

Step 1

★정답: ❶ c ❷ a ❸ d ❹ e ❺ b

◈ 정답 가이드
❶ 어머니는 내 남동생에게 가위를 가지고 노는 것은 위험하다고 경고한다.
❷ 할아버지가 산타 의상을 입어서 나는 그를 알아보지 못했다.
❸ 나는 이것을 우리 집에 방문한 보따리장수에게서 샀다.
❹ 우리 아빠는 자신의 넥타이를 어떻게 매는지 모르신다.
❺ 나는 20분 동안 트럼펫을 불어서 숨이 찼다.

Step 2

★정답: ❶ warn: 경고하다　❷ recognize: 알아보다
　　　　❸ pedlar: 보따리장수　❹ tie: (끈을) 매다
　　　　❺ breath: 숨

➡ Topic preview

Step 1

질문: 본문 18을 빠르게 읽어보세요. 여왕은 누구로 자신을 바꾸었고, 어떻게 그렇게 했나요?
★정답 예시: (The Queen changed herself into) a Pedlar. (She) colored (her face and dressed) like an old Pedlar.

→ 여왕은 스스로를 보따리장수로 변하게 했다. 그녀는 얼굴에 색칠을 하고 늙은 보따리장수처럼 옷을 입었다.

◈ **정답 가이드**

여왕이 'pedlar'로 모습을 바꾸었고, 그 방법은 'colored /dyed her face'. 마지막으로 'pedlar'처럼 옷을 입었다는 내용이 들어가면 정답입니다.

Step 2

질문: 만약 자신을 다른 사람으로 바꿀 수 있는 기회가 있다면, 어떤 사람이 되고 싶나요? 왜 그 사람으로 변하고 싶은가요?

★정답 예시:

(I want to become) a cook (because) I want to make delicious food for my family.
→ 나는 요리사가 되고 싶다. 가족을 위해 맛있는 음식을 만들고 싶다.
(I want to become) Hulk (because) he is very strong.
→ 나는 그가 매우 강하기 때문에 헐크가 되고 싶다.

◈ **정답 가이드**

영화나 만화 속 캐릭터뿐만 아니라 되고 싶은 직업이나 직책 등 다양한 답을 적도록 지도해보세요. 아이들이 영화나 만화 속의 어떤 등장인물을 좋아하는지, 어떤 직업, 혹은 직책을 가지고 싶은지 알아볼 수 있는 기회가 됩니다.

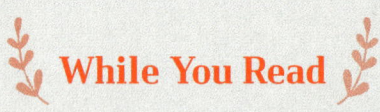
While You Read

... 본문 16 ...

▶ Translate for yourself

★정답 예시:

❶ 그들은 저녁에 돌아오고 그때에는 그들의 식사가 준비되어야만 했다.
❷ 당신의 새엄마를 조심하세요. 그녀는 당신이 여기 있다는 것을 곧 알게 될 거예요.
❸ 누구도 집으로 들어오게 하지 마세요.

▶ Story inside you

질문 : 수영을 하러 가기 전에 무엇이 준비되어야 하나요?

★정답 예시:

(My swimsuit), swimming goggles, and swimming tube have to be (ready).
→ 수영복, 수영 안경과 수영 튜브가 준비되어야 한다.

◈ 정답 가이드

'have to+동사원형'의 구조를 연습하기 위한 문제입니다. 수영에 필요한 도구들을 문장의 주어 자리에 배열한 뒤, 필요한 물건이 하나라면 'has to be ready', 여러 개라면 'have to be ready'로 문장을 마무리합니다. ❶ have to의 형태가 주어의 수에 맞게 사용되었는지, ❷ have to 뒤에 동사원형 'be'를 잘 사용하였는지 평가합니다. 수영 말고도 'going on a picnic', 'hiking'과 같은 다른 상황을 추가로 제시하여 대화를 유도해보세요.

··· 본문 17 ···

▶ Translate for yourself

★정답 예시:

❶ 여왕은 여전히 자기가 눈송이 공주의 간과 폐를 먹었다고 믿었다.
❷ 그녀는 그녀가 세상에서 가장 아름답다는 것을 확실하게 느꼈다.
❸ 그 거울은 평소처럼 대답했다.

▶ Story inside you

질문 1: 평소에 아침 식사로 무엇을 먹나요?

★정답 예시: (I usually have) cereal with milk for breakfast.

→ 나는 아침으로 주로 우유와 시리얼을 먹는다.

질문 2: 오늘 아침 식사로는 무엇을 먹었나요? 평소처럼 먹었나요, 아니면 평소와 다르게 먹었나요? '평소대로'나 '평소와 다르게' 중에 하나를 동그라미 하고 문장을 완성하세요.

(I had) cereal with milk, (as usual).

→ 나는 평소처럼 우유와 시리얼을 먹었다.

(I had) a fried egg, miso soup and rice, (not as usual).

→ 나는 평소와 다르게 달걀부침, 된장국과 밥을 먹었다.

◆ 정답 가이드

'평소에'라는 뜻을 가진 'usually'로 질문한 1번 문제에서는 'I usually have' 뒤에 아침식사 메뉴를 명사형으로 쓰면 정답으로 인정합니다. 2번에서는 평소와 같이 먹었다면 'I had' 뒤에 1번과 같은 메뉴를 적고 'as usual'에 동그라미를 하면 정답입니다. 평소와 다르게 먹었다면 'I had' 뒤에 1번과 다른 메뉴를 적고 'not as usual'에 동그라미를 하면 됩니다.

··· 본문 18 ···

▶ Translate for yourself

★정답 예시:

❶ 그녀는 그 사냥꾼이 그녀에게 거짓말했다는 것을 알고 당황했다.

❷ 그녀가 이 땅에서 가장 아름답지 않은 한, 그녀의 질투하는 마음은 그녀에게 휴식을 주지 않을 것이다.

❸ 그녀는 얼굴에 색칠을 하고 늙은 보따리장수처럼 옷을 입었다, 아무도 그녀를 알아볼 수 없도록.

▶ Story inside you

질문 1: 가장 당황스럽게 한 문제는 무엇이었나요?

★정답 예시: (I was) embarrassed the most (when I) lost my camera in the park.

→ 나는 공원에서 카메라를 잃어버렸을 때 가장 당황했다.

질문 2: 어떻게 그 문제를 해결했나요?

★정답 예시: (I) told my friends that I lost my camera (so that) they would help me find it.

→ 나는 친구들에게 내가 카메라를 잃어버렸다고 말했다. 친구들이 내가 카메라를 찾는 것을 도와줄 수 있도록.

※ 굳이 한글 어순에 맞춰서 하지 않고, 앞에서부터 차례대로 해석해도 좋습니다.

◆ 정답 가이드

1번에서는 'I was embarrassed the most when' 뒤에 문제 상황을 쓰면 정답입니다. 이때 동사의 시제는 과거로 해야 합니다. 2번에서는 문장 앞에 자신의 노력, 그 뒤에 'so that'을 쓰고 'could' 혹은 'would' 뒤에 동사원형으로 기대했던 효과를 적습니다. 'so that' 뒤에는 주로 'can/ will'과 같은 조동사가 와서 예상되는 결과를 나타낸다는 것을 이해시키고, 주어진 문제에서는 시제가 과거였기 때문에 'could/would'를 사용했다는 점을 지도합니다.

--- 본문 19 ---

▶ Translate for yourself

★정답 예시:

❶ 눈송이 공주는 창문을 내다보았다.

❷ 그녀는 대답했다, "온갖 색깔의 레이스들이요"; 그리고 여왕은 실크로 만들어진 하나의 레이스를 꺼냈다.

▶ Story inside you

질문 1: 가장 좋아하는 옷을 하나 골라보세요. 그 옷은 무엇으로 만들어졌나요?

★정답 예시: (I like) my red dress best. (It is) made of cotton and polyester.

→ 나는 내 빨간 드레스를 가장 좋아해요. 그것은 면과 폴리에스테르로 만들어졌어요.

질문 2: 가장 좋아하는 가구를 하나 골라보세요. 그 가구는 무엇으로 만들어졌나요?

★정답 예시: (I like) my wardrobe best. (It is) made of wood and metal.

→ 나는 내 옷장을 가장 좋아해요. 그것은 나무와 금속으로 만들어졌어요.

◈ 정답 가이드

옷과 가구 외에 학생이 가진 소지품 중에 좋아하는 것을 고르고 어떤 재질로 만들어졌는지 추가로 대화해보세요. 아이들의 평소 취향을 알 수 있는 좋은 기회가 됩니다.

… 본문 20 …

▶ Translate for yourself

★정답 예시:
① 눈송이 공주는 반대하지 않았다.
② 그 늙은 여인은 너무 빨리 그리고 팽팽하게 묶어서 눈송이 공주의 숨을 빼앗아갔다.
③ 눈송이 공주는 마치 죽은 것처럼 쓰러지고 말았다.

▶ Story inside you

질문: 다른 사람처럼 행동하는 친구 한 명에 대해서 한 문장으로 써보세요.

★정답 예시:

(My friend) Wonhoon sings (as though) he were a scientist.

→ 내 친구 원훈은 마치 과학자인 것처럼 말한다.

(My friend) Jaewon acts (as though) he were the school president.
→ 내 친구 재원은 마치 학교 회장인 것처럼 행동한다.
(My friend) Haejin acts (as though) she were my girl friend.
→ 내 친구 해진은 마치 내 여자 친구인 것처럼 행동한다.

◈ 정답 가이드

'as though' 뒤에 특정 직업이나 사회적 역할(가족, 이성 친구, 반장, 회장) 같은 다양한 표현을 사용하여 친구의 행동을 묘사하도록 지도합니다. 특히 'as though 주어+were'의 형태를 정확하게 사용했는지 확인합니다.

Review

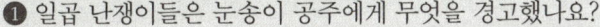 Questions for details

❶ 일곱 난쟁이들은 눈송이 공주에게 무엇을 경고했나요?

★정답 예시:
*They warned Snow Drop that she should beware of her stepmother. (그들은 눈송이 공주에게 그녀의 계모를 조심해야 한다고 경고했다.)
*They warned Snow Drop that she should not let anyone in. (그들은 눈송이 공주에게 아무도 집에 들어오게 해주지 말라고 경고했다)

Key words: warn, Snow Drop, beware of, stepmother

❷ 여왕의 거울에 따르면 누가 세상에서 가장 예쁜 사람이었나요?

★정답 예시:
*Snow Drop over the fells was the fairest. (언덕 너머의 눈송이 공주가 가장 아름답다.)
*The Queen was the fairest here, but Snow Drop over the fells was fairer a thousand fold. (여기서는 여왕이 가장 아름답지만, 언덕 너머의 눈송이 공주가 천 배는 더 아름답다.)

Key words: Snow Drop, the fairest

❸ 여왕은 왜 당황했나요?

★정답 예시:

*Because she found out that Snow Drop was still alive. (그녀가 눈송이 공주가 여전히 살아 있다는 것을 알았기 때문이다.)

*Because she found out that the Huntsman had lied to her. (그녀가 그 사냥꾼이 자신에게 거짓말을 했다는 것을 알았기 때문이다.)

Key words: find out, Snow Drop, alive

❹ 여왕은 눈송이 공주에게 무엇을 팔았나요?

★정답 예시:

*She sold a silk lace to Snow Drop. (그녀는 눈송이 공주에게 실크 레이스 하나를 팔았다.)

*She sold Snow Drop a lace which was made of silk. (그녀는 눈송이 공주에게 실크로 된 레이스 하나를 팔았다.)

Key words: sell, a silk lace

❻ 여왕은 눈송이 공주를 어떻게 쓰러지게 했나요?

★정답 예시: She tied Snow Drop's neck with the new lace quickly and tightly. (그녀는 눈송이 공주의 목을 새 레이스로 빠르고 팽팽하게 묶었다.)

Key words : tie, neck, quickly and tightly

🍃 Grammar for writing

❶ I feel certain that I fall in love with a boy in my class.

(feel/be certain that 주어+동사: (that 이하의 내용을) 확신하다)

❷ I was embarrassed because my friends noticed that I liked him.

(be embarrassed : 당황하다)

❸ I make my daily plans so that I can spend my time wisely.

(so 형용사/부사 that : 너무나 ~해서 ~하다)
❹ This necklace is made of silver.
(be made of: ~를 재료로 만들어지다)
❺ My younger sister speaks as though she were my mother.
(as though+동사의 과거형/were: 마치 ~한/인 것처럼)
❻ I have to practice playing the violin for upcoming music festival.
(have to+동사원형: (나의 의사와는 상관없이 다른 사람의 의사에 따라) ~해야 한다)

🍃 Main events

난쟁이들은 일을 나가면서 눈송이 공주에게 여왕을 조심하라며 아무에게도 문을 열어주지 말라고 당부했다.

↓

여왕은 마법의 거울에게 누가 가장 예쁜지 물어보고는 눈송이 공주가 죽지 않고 살아 있다는 사실을 알게 되었다.

↓

눈송이 공주를 죽일 계획을 세운 여왕은 늙은 보따리장수로 변장했다.

↓

난쟁이의 집을 찾아간 여왕은 눈송이 공주에게 예쁜 레이스를 보여주며 사라고 했다.

↓

눈송이 공주가 변장한 여왕에게서 레이스를 사자, 여왕은 레이스를 묶어주겠다며 눈송이 공주의 목을 레이스로 꼭 묶였고 눈송이 공주는 쓰러졌다.

◈ 정답 가이드

학생들은 똑같이 주어진 Cue를 가지고도 다르게 주요 사건을 생각할 수 있습니다. 정답 예시를 참고하셔서 전체 이야기 흐름에 필수적인 내용이 들어가 있는지 확인해주시고, 너무 세세한 부분은 제외하거나 통합해서 쓸 수 있도록 지도해주세요.

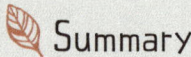 Summary

★정답 예시: The Dwarfs, who had to work outside all day long, were worried about Snow Drop and warned her not to let anyone in while she was alone. Meanwhile, the queen believing that Snow Drop was already dead asked the Glass who is the fairest and heard that Snow Drop was still alive. Planning to kill Snow Drop for herself, she disguised herself as an old pedlar selling laces and visited the Dwarfs' house. When Snow Drop bought one from the Queen, the Queen told her to tie the lace right. When Snow Drop let her do, she tightly tied the lace around her neck and Snow Drop fell down.

◈ 정답 가이드

주요 사건들을 요약문으로 옮길 때 자유롭게 문장을 합치고 나누어서 전체적으로 매끄러운 글이 될 수 있도록 지도해주시기 바랍니다. 각 문장의 길이가 전체적으로 비슷해지도록 조정해주세요.

영화 Summary 해석

🍃 첫 번째 위기

터렌스가 학생들로부터 더 넓은 지지를 받기 시작함에 따라, 시드니의 인기도 올라간다. 마침내, 시드니는 학교의 온라인 미인 순위에서 여왕으로 뽑힌다. 심지어 레이첼의 전 남자친구인 타일러 프린스조차도 시드니에게 반해버린다. 레이첼은 너무 화가 나서 시드니와 일곱 괴짜들을 곤경에 빠뜨리기 위해 여학생 클럽 파티에 초대한다. 레이첼은 그 파티에서 터렌스가 6년 전에 졸업했고, 이것이 그가 회장 선거에 출마하지 못한다는 것을 의미한다고 발표한다. 레이쳴은 또한 타일러가 자신과 함께 그릭로드(남녀 학생 클럽 기숙사가 있는 거리)에서 볼텍스(괴짜들의 기숙사)를 제거하기 위해 한동안 함께 일해 왔다고 폭로하고, 이에 시드니는 타일러에게 매우 실망하게 된다. 시드니와 일곱 괴짜들이 볼텍스를 떠나야 하게 됐을 때, 그녀는 터렌스 대신 회장 선거에 출마하고 볼텍스를 되찾겠다고 결심한다.

Compare & contrast

★정답 예시:

	Questions	Snow Drop	Sydney White
1	Who had a jealous heart? (누가 질투하는 마음을 가졌나요?)	The Queen(여왕)	Rachel Witchburn(레이첼 위치번)
2	Why did each person feel jealous? (각 인물은 왜 질투를 느꼈나요?)	The Queen wanted to be the fairest woman in the world but Snow Drop was the fairest. (여왕은 세상에서 가장 아름다운 여자가 되고 싶어했지만 눈송이 공주가 가장 아름다웠기 때문이다.)	Sydney was elected as the Queen of the school's online beauty ranking and her ex-boyfriend Tyler Prince had a crush on Sydney. (시드니가 학교의 온라인 미인 순위에서 여왕으로 뽑혔고, 그녀의 전 남자친구인 타일러 프린스가 시드니에게 반했기 때문이다.)
3	Who picked the fairest woman? (누가 가장 아름다운 여인을 뽑았나요?)	The Queen's Looking-Glass (여왕의 거울)	Voters of the school's online beauty ranking (학교의 온라인 미인 순위 투표자들)
4	What was Snow Drop and Sydney's first crisis? (눈송이 공주와 시드니의 첫 번째 위기는 무엇이었나요?)	The Queen tied Snow Drop's neck with the new lace too tight and it took her breath. (여왕은 눈송이 공주의 목을 새 레이스로 너무 팽팽하게 맸고, 이는 눈송이 공주의 숨을 빼앗아갔다.)	Rachel announced that Terrence couldn't run for the president and put the seven Dorks in a trouble. She also revealed that Tyler wanted to get rid of Vortex. (레이첼은 터렌스가 회장 선거에 출마할 수 없다고 발표하고, 일곱 괴짜들을 곤경에 빠뜨렸다. 또한 레이첼은 타일러가 볼텍스를 없애고 싶어 한다고 폭로했다.)

| 5 | What did Snow Drop and Sydney do after the crisis?
(눈송이 공주와 시드니는 위기가 찾아 온 후에 무엇을 했나요?) | Snow Drop promised to the seven dwarfs that she would not let anyone in.
(눈송이 공주는 일곱 난쟁이들에게 절대로 누구도 집에 들이지 않겠다고 약속했다.) | Sydney decided to run for the presidency instead of Terrence and take back Vortex.
(시드니는 테렌스 대신 회장 선거에 출마하고 볼텍스를 되찾기로 결심했다.) |

Think creatively

★정답 예시:

❶ If I were Snow Drop, I would fight against the wicked Queen by learning martial arts, such as taekwondo or karate.
(내가 만약 눈송이 공주라면, 나는 태권도나 카라테 같은 무술을 배움으로써 그 못된 여왕에 맞서 싸울 것이다.)

❷ If I were Sydney White, I would find another presidential candidate. And I would listen to my boy friend's excuses before breaking up with him.
(내가 만약 시드니 화이트라면, 다른 회장 후보를 찾을 것 같다. 그리고 남자친구와 헤어지기 전에 그의 해명을 들어볼 것이다.

본문해석

16. 아침에 난쟁이들은 산으로 가서 구리와 금을 찾아다녔어요. 저녁에는 집으로 돌아오고 그때는 저녁식사가 준비되어 있어야만 했어요. 눈송이 공주는 하루 종일 혼자 있었어요. 착한 난쟁이들은 눈송이 공주에게 주의를 주며 이렇게 말했어요. "새엄마를 조심해요. 그녀는 곧 당신이 여기 있는 걸 알게 될 거에요. 아무도 들어오게 하지 마세요."

17. 여왕은 여전히 자기가 눈송이 공주의 간과 폐를 먹었다고 믿었어요. 여왕은 그녀가 세상에서 가장 아름답다는 것에 확신을 느꼈어요. 그래서 그녀는 거울 앞에 서서, 물었어요.
"거울아, 벽에 걸린 거울아,
우리들 중에 가장 아름다운 사람은 누구니?"

그 거울은 평소처럼 대답했어요,
"여왕님, 여기서는 당신이 가장 아름다우십니다.
그러나 저 언덕 너머에 있는 눈송이 공주가
천 배는 더 아름답습니다.
그녀는 지금 일곱 난쟁이들과 같이 살고 있지요."

18. 여왕은 사냥꾼이 그녀에게 거짓말했다는 것과 눈송이 공주가 아직도 살아 있다는 것을 알고 당황했어요. 곧, 그녀는 어떻게 하면 눈송이 공주를 죽일 수 있을지 생각하기 시작했어요. 그녀가 이 땅에서 가장 아름답지 않은 한, 여왕의 질투하는 마음은 절대 그녀에게 휴식을 주지 않을 것이었어요. 마침내 여왕은 하나의 계획을 생각해냈어요. 그녀는 그 누구도 그녀를 알아볼 수 없도록 얼굴에 색칠을 하고 늙은 보따리장수처럼 옷을 입었어요.

19. 이런 겉모습을 하고 여왕은 일곱 개의 산을 넘어 일곱 난쟁이의 집을 향해 갔어요. 난쟁이들의 집 앞에서, 그녀는 외쳤어요, "물건 팔아요." 눈송이 공주가 창문을 내다보며 말했어요, "좋은 날이에요, 무엇을 팔러 오셨나요?"
"좋은 물건들, 예쁜 물건들이에요," 여왕은 대답했어요, "온갖 색깔의 레이스들이요"; 그리고 여왕은 실크로 만들어진 하나의 레이스를 꺼냈어요.

20. '이 성실한 여인을 집으로 들어오게 해줘야겠다' 하고 눈송이 공주는 생각했어요.
눈송이 공주는 문의 자물쇠를 열고 그 예쁜 레이스를 샀어요.
"애야," 그 늙은 여인이 말했어요, "너는 레이스를 완전히 잘못 맸구나, 내가 네 레이스를 한 번만 똑바로 묶어줄게."
눈송이 공주는 반대하지 않았어요. 눈송이 공주는 그 늙은 여인이 자신의 목을 새 레이스로 묶도록 놔두었어요. 그러나 그 늙은 여인은 너무 빨리 그리고 팽팽하게 묶어서 눈송이 공주의 숨을 빼앗아갔어요. 눈송이 공주는 마치 죽은 것처럼 쓰러지고 말았어요.

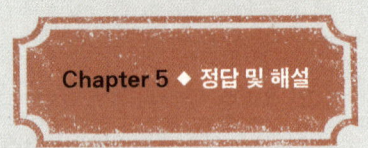

Before You Read

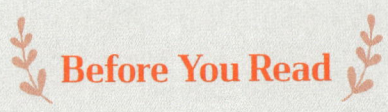

📽 Vocabulary

Step 1

★정답: ❶ b ❷ a ❸ f ❹ e ❺ c ❻ d

◈ 정답 가이드
❶ 나는 지난 할로윈에 드라큘라로 변장했다.
❷ 그 사악한 마녀는 불쌍한 공주에게 주문을 걸었다.
❸ 우리가 만든 끔찍한 소음 때문에 선생님은 화가 나셨다.
❹ 나는 내 여동생이 내 초콜릿을 먹었다고 의심하기 시작했다.
❺ 나는 크리스마스트리 밑에 있는 내 선물을 보고 기뻤다.
❻ 그 여자는 의식 불명의 상태가 되어 길 위에 쓰러졌다.

Step 2

★정답:
❶ disguise: 변장하다
❷ wicked: 사악한
❸ enrage: 화나게 하다
❹ suspect: 의심하다
❺ pleased: 기쁜
❻ unconscious: 무의식의, 의식 불명의

📽 Topic preview

Step 1

질문: 본문 22를 빠르게 읽어보세요. 여왕은 왜 그녀의 모든 피가 심장으로 흐르면서 매우 화가 났나요? 친구들과 이야기해보세요.

★정답 예시:
(The Queen was enraged because) she knew that Snow Drop had come back to life again.
→ 여왕은 눈송이 공주가 다시 살아났다는 것을 알아서 화가 났다.
(The Queen was enraged because) her Glass told her that Snow Drop was still fairer a thousand fold.
→ 여왕은 그녀의 거울이 눈송이 공주가 여전히 천 배는 더 예쁘다고 말해서 화가 났다.

◈ 정답 가이드
'눈송이 공주가 아직 죽지 않았다는 것을 여왕이 알았다'는 내용으로 답을 하면 'The Queen knew Snow Drop had come back to life.'가 정답이고, '거울이 눈송이 공주가 여전히 더 예쁘다고 말해주었다'는 내용으로 쓸 때는 'the Glass told her that Snow Drop was still fairer a thousand fold.'가 정답입니다. 두 가지 모두 정답이 될 수 있습니다.

Step 2
질문: 너무 화가 나서 모든 피가 모두 심장으로 흘렀던 적이 있나요? 그때 왜 그렇게 화가 났나요? 다음의 예시의 이용하여 문장을 완성해보세요.
*예시: 나는 내 가장 친한 친구가 나에게 거짓말을 했을 때 너무 화가 나서 모든 피가 심장으로 흘렀다.
★정답 예시: (I was) so enraged that all my blood flew to my heart (when) my friend broke the promise.
→ 나는 내 친구가 약속을 지키지 않았을 때 너무 화가 나서 모든 피가 심장으로 흘렀다.

◈ 정답 가이드
'I was' 뒤에 'so enraged that all my blood flew to my heart'를 적고, 'when' 뒤에 과거 시제를 써서 화가 나게 했던 상황을 묘사하도록 지도해주세요.

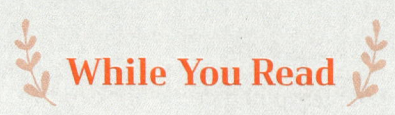 While You Read

··· 본문 21 ···

▶▶ Translate for yourself
★정답 예시:
❶ 오래지 않아 7명의 난쟁이는 집에 돌아왔고 그들의 소중한 작은 눈송이 공주가 죽은 듯이 움직이지도 않고 바닥에 누워 있는 것을 보고 공포에 질렸다.
❷ 난쟁이들이 무슨 일이 있었는지 듣자, 그들은 그 나이든 행상인이 다름 아닌 바로 사악한 여왕이라고 말했다.
❸ "우리가 여기 없을 때 누구도 들어오지 못하게 하도록 조심해"라고 그들이 말했다.

▶▶ Story inside you
질문: 누가 나쁜 의도나 목적으로 여러분에게 거짓말을 한 적이 있나요?
★정답 예시: My little sister (lied to me that) there was no snack left so that she could eat up all the snacks alone.
→ 내 여동생이 혼자 간식을 다 먹으려고 남은 간식이 없다고 거짓말했어요.

◈ 정답 가이드
굳이 심각하게 나쁜 의도가 아니더라도 학생들 사이에서 가볍게 거짓말을 한 경험을 써보도록 지도하시면 됩니다. 학생들이 감을 잘 잡지 못하면, 예시 정답을 알려주고 감을 잡을 수 있게 도와주셔도 좋습니다.

··· 본문 22 ···

▶ Translate for yourself

★정답 예시:

❶ 하지만 산 넘어 사는 눈송이 공주, 일곱 난쟁이와 함께 사는 눈송이 공주가 여전히 천 배는 더 예쁘다.

❷ 그녀가 그것을 들었을 때 그녀는 너무나 분노하여 모든 피가 심장으로 흘렀다, 왜냐하면 눈송이 공주가 다시 살아났다는 것을 그녀가 알았기 때문이다.

▶ Story inside you

질문: 여러분이 다시 살아나기를 바라는 것이나 사람이 있나요?

★정답 예시: (I wish) my old teacher came back to life.

→ 나는 내 오래 전 선생님께서 다시 살아나기를 바란다.

◆ 정답 가이드

'wish 주어 + 동사의 과거형' 형태를 정확하게 사용하도록 지도해주세요.

⋯ 본문 23 ⋯

▶ Translate for yourself

★정답 예시:

❶ 그러더니 그녀는 '나는 그녀(눈송이 공주)를 죽일 어떤 계획을 세워야해.' 라고 마음속으로 생각했다.

(think to oneself: 조용히 생각하다, 마음속으로 생각하다)

❷ 그녀가 능숙한 마법의 도움으로, 그녀는 독이 든 빗을 만들었다.

(be skilled in: ~에 능숙하다 / (전치사+관계대명사: 연결되는 문장에서 공통되는 단어에 전치사가 필요한 경우에 관계대명사 앞에 전치사를 놓는다.)

❸ 그다음, 그녀는 변장하여 다른 노파의 모습으로 둔갑했다.

Story inside you

질문: 여러분은 변장을 해본 적이 있나요? 언제 왜 그랬나요?

★정답 예시: (I disguised myself as) a zombie (when) I went to the Halloween party (because) I wanted to look as scary as possible.

→ 나는 할로윈 파티에 갈 때 좀비로 변장을 했다, 가능한 한 무섭게 보이고 싶었기 때문에.

◈ 정답 가이드

학생들은 놀이를 통해 변장을 해본 적이 많습니다. 변장을 했던 경험을 공유하면서 그때 느꼈던 감정이나 재미있는 일화를 나눠보게 지도해주세요.

··· 본문 24 ···

Translate for yourself

❶ "최소한 볼 수는 있잖아요"라고 노파가 이야기하며 독이 묻은 빗을 꺼내 들어올렸다.
❷ 그녀가 거래를 한 후, 그 노파는 "이제 내가 한 번만 당신의 머리를 잘 빗겨볼게요"라고 말했다.
❸ 그러나, 독이 묻은 빗이 그녀의 머리에 고정되자마자 그 독이 효과를 나타냈다.
(take effect: 효과/효력이 나타나다)

Story inside you

질문: 여러분이 눈송이 공주라면 그 노파를 집 안으로 들어오게 할 건가요?

★정답 예시: No, (because) I had already been in great danger and the Dwarfs told me not to let anyone in.

→ 아니오, 왜냐하면 나는 이미 큰 위험에 빠졌었고 난쟁이들이 아무도 들이지 말라고 했기 때문입니다.

◈ 정답 가이드

눈송이 공주의 행동을 학생 자신의 입장에서 생각해보는 활동입니다. 눈송이 공주가 두 번째로 위험에 빠지는 내용이기 때문에, 다양한 학생들의 의견을 들어볼 수 있을 것입니다. 자유롭게 자신의 생각을 펼치도록 지도해주세요.

··· 본문 25 ···

➤ Translate for yourself

❶ "너, 아름다움의 전형이여"라고 사악한 여자는 말했다, "이제 너는 가망이 없어졌다"라고 한 후 가버렸다.

❷ 그들이 눈송이 공주가 마치 죽은 것처럼 바닥에 누워있는 것을 보았을 때
(as though + were / 동사의 과거형: 마치 ~인/한 것처럼 / as though와 dead 사이에는 she were이 생략되었다.)

❸ 그들이 그것을 치우자마자, 눈송이 공주는 다시 의식을 찾고 무슨 일이 있었는지 그들에게 이야기했다.
(come to oneself: 의식을 되찾다, 정신을 차리다)

➤ Story inside you

질문: 독이 묻은 빗으로 눈송이 공주를 죽이는 게 좋은 방법일까요? 왜 그렇게 생각하나요?

★정답 예시: No, (because) she can be alive again by removing the comb.
→ 아니오, 왜냐하면 그 빗을 치우면 그녀는 다시 살아나기 때문입니다.

◈ 정답 가이드

눈송이 공주를 해치려는 여왕의 계략에 대해 어떻게 생각하는지 생각해보는 활동입니다. 난쟁이들이 똑똑한 것인지, 두 번이나 죽은 줄 알았던 눈송이 공주를 살려내죠. 사악하다고만 알려져 있는 여왕이 정말 치밀하게 계획을 세운 것인지 한 번 생각해볼 문제입니다.

🍃 Questions for details

❶ 난쟁이들은 너무 끈으로 꽉 졸라 매여 숨 쉬지 못하는 눈송이 공주를 어떻게 구해냈나요?

★정답 예시: They saved her by cutting out the lace. (그들은 그 끈을 잘라내서 그녀를 구했다.)

Key words: save, cut, lace

❷ 왜 여왕은 가장 아름다운 사람에 대해 마법의 거울이 한 이야기를 듣고 그렇게 화가 났나요?

★정답 예시: Because the Glass said that Snow Drop was still the fairest, which meant Snow Drop was alive. (왜냐하면 거울은 여전히 눈송이 공주가 가장 아름답다고 이야기했고, 그것은 눈송이 공주가 살아 있다는 뜻이었기 때문이다.)

◆ 정답 가이드

눈송이 공주가 죽지 않고 살아 있다는 내용이 들어가면 정답으로 간주합니다.

Key words: because, alive

❸ 두 번째로, 여왕은 어떻게 눈송이 공주를 해치기로 마음먹었나요?

★정답 예시: She made a poisoned comb by means of witchcraft. (그녀는 마법으로 독이 든 빗을 만들었다.)

Key words: poisoned, comb

❹ 두 번째에는 여왕이 어떻게 눈송이 공주에게 접근했나요?

★정답 예시: She tried to sell wares to Snow Drop disguising herself as a different old woman. (그녀는 다른 노파로 변장하여 눈송이 공주에게 물건을 팔려고 했다.)

❖ 정답 가이드

여왕이 물건을 파는 사람으로 눈송이 공주에게 접근했다는 내용이 들어가면 정답으로 간주합니다.

Key words: sell, wares/goods

❺ 어떻게 여왕은 눈송이 공주가 아무도 들이지 않으려는데 그녀를 만났나요?
★정답 예시: She showed Snow Drop the poisoned comb and Snow Drop liked it and opened the door. (그녀는 눈송이 공주에게 독이 묻은 빗을 보여주었고, 눈송이 공주는 그것을 좋아해서 문을 열어주었다.)

❖ 정답 가이드

눈송이 공주는 여왕이 보여준 빗이 마음에 들어서 자기도 모르게 문을 열어주었습니다. 이 내용이 들어가면 정답으로 간주합니다. 정답을 쓸 때 두 명의 여자, 여왕과 눈송이 공주가 등장하기 때문에 둘 중에 한 명은 꼭 'the Queen'이나 'Snow Drop'으로 표시해주도록 지도합니다. 그렇지 않으면 'she'가 누구를 가리키는지 헷갈리게 됩니다.

❻ 난쟁이들은 독이 든 빗이 머리에 고정되어 정신을 잃은 눈송이 공주를 어떻게 구해냈나요?
★정답 예시: They removed the comb and she came to herself. (그들은 그 빗을 제거했고, 그녀는 의식을 되찾았다.)

Key words: remove/take away

🍃 Grammar for writing

❶ The reason why I failed in the competition was no other than my lack of effort.
(no other than: 다름 아닌 바로 ~)
❷ (So) shocking was the movie that I saw last night.
(강조에 따른 주어/동사 도치 : 강조하려는 부사나 형용사를 절의 맨 앞으로 옮기면 동사 + 주어가 되어 위치가 바뀐다.)

❸ We saw the coach jump over the hurdle.
(see+A+동사원형/~ing: A가 ~하는 것을/~하고 있는 것을 보다)
❹ No sooner was the door open than the boy started sneezing.
(no sooner A than B: A하자마자 B하다)
❺ She finished the race by means of her coach.
(by means of: ~의 도움으로, ~을 써서)
❻ He is good at making a bargain with picky clients.
(make a bargain: 계약을 맺다, 흥정을 성사시키다)
❼ I studied hard not to fail in the test again.
(not to + 동사원형: ~하지 않도록, 않기 위해)

🍃 Main events

집에 돌아와 눈송이 공주가 끈에 묶여 쓰러져 있는 것을 보고 난쟁이들은 끈을 끊어내고 눈송이 공주를 살린 후, 아무도 집에 들이지 말라고 했다.

↓

눈송이 공주가 죽은 줄 안 여왕은 다시 거울에게 누가 가장 아름다운지 물어봤지만, 거울은 여전히 눈송이 공주가 가장 아름답다고 대답해서 여왕이 눈송이 공주가 다시 살아났음을 알게 되었다.

↓

눈송이 공주를 죽이기 위해 독이 든 빗을 만든 여왕은 다른 노파로 변장을 하여 난쟁이의 집으로 찾아가 눈송이 공주의 머리에 그 빗을 꽂았고 눈송이 공주는 그 자리에서 쓰러졌다.

↓

집에 돌아온 난쟁이들은 독이 든 빗을 제거해 눈송이 공주를 다시 살리고, 누구에게도 문을 열어주지 말라고 경고했다.

◈ **정답 가이드**

학생들이 선별한 주요 사건을 전체적으로 살펴보고 예시에 나와 있는 사건들이 있는지 확인해주시고, 차이가 있다면 왜 그렇게 생각했는지 학생들의 의견을 경청해주시기 바랍니다. 학생들의 답 중에서 너무 세부적인 사항들은 배제하고 이야기의 전체적 흐름에 필수적인 내용을 위주로 주요 사건을 이해할 수 있도록 지도해주세요.

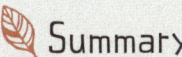

★**정답 예시:** Seeing Snow Drop fall down tightly laced, the seven Dwarfs saved her by cutting the lace and told her not to let anyone in. The Queen, who believed Snow Drop was dead, asked the mirror who is the fairest, but the mirror still said Snow Drop was the fairest. Knowing Snow Drop was still alive, the Queen made a poisoned comb and fixed it into Snow Drop's hair after selling it. When the Dwarfs found Snow Drop unconscious again, they saved her again by removing the comb and warned her not to open the door to anyone.

◈ **정답 가이드**

5단원에서 설명한 대로 다양한 방법으로 시간의 흐름을 표현하였는지 확인해주세요. 시간의 흐름을 표현하는 방법은 다양하고 어느 것이 더 옳다고 할 수 없지만, 분사구문이나 과도한 접속사 사용을 자제하고, 특히 모든 문장을 접속사로 시작하지 않도록 지도해주시기 바랍니다.

본문해석

21. 여왕은 '이제 내가 가장 아름답다'라고 혼잣말을 하고는 급히 떠났어요. 일곱 난쟁이들은 집에 돌아온 지 오래지 않아 그들의 소중한 눈송이 공주가 움직이지도 않고 죽은 사람처럼 바닥에 누워 있는 것을 보고 공포에 질렸어요. 그들이 그녀가 레이스로 너무 꽉 매여 있는 것을 보았을 때 그들은 그 레이스 끈을 잘라버렸어요. 고맙게도, 그녀는 숨을 쉬기

시작했고, 곧 의식이 돌아왔어요. 난쟁이들이 무슨 일이 일어났는지 듣자, 그들은 그 나이 든 행상인이 다름 아닌 바로 사악한 여왕이라고 말했어요. "우리가 여기 없을 때는 그 누구도 들이지 않도록 조심해요"라고 그들은 말했어요.

22. 이제 그 사악한 여왕은 집에 돌아오자마자 마법의 거울에게로 가서 물었습니다.
"거울아, 벽에 걸린 거울아, 누가 세상에서 가장 아름다우냐?"
거울은 늘 그렇듯이 대답했어요.
"여왕님, 여기서는 여왕님이 가장 아름답다고 저는 생각합니다. 그러나 산 넘어 일곱 난쟁이와 사는 눈송이 공주가 여전히 천 배는 더 아름답습니다."
그녀가 이 말을 듣고, 너무 분노하여 모든 피가 심장으로 쏠리는 듯했어요, 왜냐하면 눈송이 공주가 다시 살아났다는 것을 알았기 때문이에요.

23. 그래서 그녀는 '그녀를 끝장내버릴 무엇인가를 계획해야겠어'라고 생각했어요. 그녀가 능숙한 마법의 도움으로, 그녀는 독이 든 빗 하나를 만들어냈어요. 그다음 그녀는 변장을 하여 그 전과는 다른 노파의 모습으로 둔갑했습니다. 그녀는 산을 건너 일곱 난쟁이의 집으로 가서, "좋은 물건을 팔러왔어요"라고 부르며 문을 두드렸어요. 눈송이 공주는 창문 밖으로 내다보고는 "가세요, 저는 아무도 들여서는 안 돼요"라고 말했어요.

24. "최소한 볼 수는 있잖아요"라고 그 노파는 대답하고서 독이 든 빗을 꺼내 들어보였어요. 눈송이 공주는 그 빗을 보고 너무 기뻐서 문을 열어주었어요. 노파는 거래를 하고는 말했어요, "이제 내가 한 번만 당신의 머리를 잘 빗겨줄게요." 불쌍한 눈송이 공주는 어떠한 악행도 의심하지 않고 노파가 그대로 하도록 내버려두었어요. 그러나 독이 든 빗이 그녀의 머리에 고정되자마자 독이 효력을 발휘했어요. 눈송이 공주는 정신을 잃고 쓰러졌어요.

25. "너, 아름다움의 전형이여," 그 사악한 여왕은 말했어요, "이제 너는 끝이다"라며 떠났어요. 다행히도, 일곱 난쟁이가 집에 돌아올 시간이 가까웠어요. 눈송이 공주가 죽은 듯이 바닥에 누워 있는 것을 보았을 때, 그들은 곧 그녀의 새어머니를 의심했고 독이 든 빗을

찾을 때까지 사방을 뒤졌어요. 그들이 그것을 제거하자마자 눈송이 공주는 다시 살아났고 무슨 일이 있었는지 이야기했어요. 그들은 그녀에게 아무에게도 문을 열어주지 말라고 다시 한 번 경고했어요.

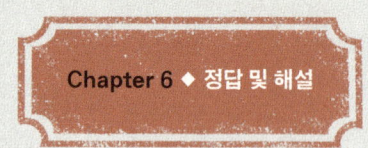

Before You Read

Vocabulary

Step 1

★정답: ❶ c ❷ b ❸ e ❹ a ❺ a ❻ d

◆ 정답 가이드
❶ 내가 귀신의 집으로 들어갔을 때, 내 다리는 두려움으로 떨렸다.
❷ 새들은 공기 중에 있는 독성의 가스 때문에 숨을 쉬지 못한다.
❸ 내 친구가 교묘하게 내게 거짓말을 해서 나는 정말 화가 많이 났다.
❹ 그 소방관들은 그 집이 무너지기 전에 탈출하려고 노력한다.
❺ 매일 아침 샤워 후에, 나는 내 여동생의 머리를 빗어준다.

Step 2

★정답:

❶ tremble: 떨리다   ❷ poisonous: 독성의
❸ cunningly: 교묘하게   ❹ escape: 탈출하다
❺ comb: 머리를 빗다

Topic preview

Step 1

질문: 본문 29를 빠르게 읽어보세요. 여왕은 어떻게 눈송이 공주가 독이 든 사과를 먹게 만들었나요? 친구들과 이야기해보세요.

★정답 예시: (The Queen) ate the nonpoisonous side of the apple in front of Snow

294

Drop (to make Snow Drop take the poisonous apple).
→ 여왕은 눈송이 공주가 독이 든 사과를 먹게 하기 위해 눈송이 공주 앞에서 독이 없는 쪽의 사과를 먹었다.

◈ 정답 가이드
'여왕이 독이 없는 사과 반쪽을 먹었다'는 내용이 들어가면 정답으로 인정합니다.

Step 2
질문: 여왕처럼 다른 사람들을 교묘하게 속인 적이 있나요? 다음의 예시를 사용하여 그 일에 대해 써보세요.
*예시 : 나는 일곱 살 때 내 사촌 동생을 교묘하게 속였다. 나는 그의 게임기를 몰래 가져갔고, 그 아이는 매우 화가 났다.
★정답 예시: (I tricked) my sister (cunningly when I was) 10. (I) hid her favorite teddy bear and told her that I didn't know where it was (and) she cried for a long time.
→ 나는 열 살 때 내 여동생을 교묘하게 속였다. 나는 그녀가 가장 좋아하는 곰 인형을 숨기고는 어디에 있는지 모른다고 말했다. 동생은 오랫동안 울었다.

◈ 정답 가이드
교묘하게 다른 사람을 속인 과거의 경험을 공유해보고, 그 결과가 어떻게 됐는지 회상해봄으로써 남을 속이는 행동을 반성하는 기회로 삼을 수 있습니다.

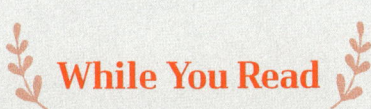

··· 본문 26 ···

➥ Translate for yourself
★정답 예시:
❶ 거울이 이런 말을 하는 것을 들었을 때, 그녀는 분노로 떨었다.
❷ "눈송이 공주는 죽을 것이다", 그녀는 말했다. "비록 그것이 내 자신의 목숨이라는 비용이 들지라도."

➥ Story inside you
질문: 최근에 무엇을 샀나요? 그리고 그것은 얼마의 비용이 들었나요?
★정답 예시: (I bought) a skirt (and it) cost me 50,000 won.
→ 나는 치마 하나를 샀는데, 5만 원의 비용이 들었다.

◈ 정답 가이드
'cost+A+B'(A에게 B의 비용이 들게 하다)의 구조를 연습하기 위한 문제입니다. 'cost' 동사의 구조를 정확하게 사용하여 최근에 산 물건의 비용을 표현하도록 지도해주세요.

··· 본문 27 ···

➥ Translate for yourself
★정답 예시:
❶ 그녀는 비밀의 방으로 들어갔다, 그녀 자신 말고는 아무도 들어가본 적이 없는.
❷ 그것을 먹은 사람이라면 누구든지 죽을 것이 확실하다.

➥ Story inside you
질문: 그 누구도 시도해본 적이 없는 일을 한 적이 있나요?
★정답 예시: (I) drank 10 bottles of yogurt in one minute, (which no one) ever tried before but me.

→ 나는 1분 안에 요거트 10병을 마셨는데, 이건 나 아닌 누구도 시도해본 적이 없다.

◈ **정답 가이드**
다른 사람은 해본 적이 없는 도전을 했던 경험을 'no one ever A but B' 구문을 이용하여 표현하는 문제입니다. 다른 사람이 해본 적이 있는지 없는지 확실하지 않은 일이라도, 자신이 자랑스러워하는 도전을 해본 경험이 있다면 활용하여 작문을 할 수 있게 지도해주세요.

··· 본문 28 ···

Translate for yourself
❶ 눈송이 공주는 그녀의 머리를 창문 밖으로 뺐다.
❷ 독이 두려운 것이냐?
❸ 내가 이 사과를 반으로 자르겠다.

Story inside you
질문: 친구와 나누기 위해 무엇을 반으로 잘라봤나요?
★정답 예시: (I have cut) my eraser in half to share it with a friend who didn't bring his eraser.
→ 나는 자신의 지우개를 가지고 오지 않은 한 친구와 나누기 위해 지우개를 반으로 잘라봤다.

◈ **정답 가이드**
친구와 반으로 나눠 먹은 음식이나 반으로 나눠 쓴 음식에 대한 경험을 다양하게 쓰도록 지도해보세요.

··· 본문 29 ···

▶ Translate for yourself

★정답 예시:
❶ 그녀가 그 농부 아낙이 독이 들지 않은 반쪽을 먹고 있는 것을 보았을 때, 그녀는 더 이상 기다릴 수 없었다.
❷ 그녀가 입 속에 약간 집어넣지 마자, 그녀는 바닥에 쓰러져 죽었다.

▶ Story inside you

질문: 무엇이 여러분을 더 이상 기다리지 못하게 하나요? 여러분을 오랫동안 기다리게 했지만, 아직까지도 가지지 못한 한 가지에 대해 생각해보세요.

★정답 예시: (I cannot) wait to read the letter from my aunt in Los Angeles any longer.
→ 나는 로스앤젤레스에 계신 나의 고모로부터 온 편지를 읽는 것을 더 이상 기다리지 못한다.

◆ 정답 가이드
오랫동안 기다려왔지만 아직도 이루어지지 않은 소원 한 가지를 생각해본 후 'cannot wait to-v any longer'의 구조를 써서 표현하도록 합니다. 'wait to-v' 대신에 'wait for+명사'의 구조를 사용해도 됩니다.

··· 본문 30 ···

▶ Translate for yourself

★정답 예시:
❶ 난쟁이들이 저녁에 돌아왔을 때, 그들은 눈송이 공주가 바닥에 누워 있는 것을 발견했다.
❷ 그들은 그녀를 들어 올려서 독이 남아 있는지 아닌지 들여다보았다.
❸ 그러나 그것은 아무 소용이 없었다.

Story inside you

질문: TV 날씨 예보를 왜 보나요? 'whether'을 사용해서 답을 해보세요.

★정답 예시: (I watch TV weather forecasts) to see whether it will rain tomorrow or not.
→ 나는 내일 비가 오는지 안 오는지를 보기 위해서 TV 날씨 예보를 본다.

◈ 정답 가이드

'whether' 뒤에 날씨 표현은 'it will be sunny/cloudy'와 같이 'it will 동사원형'의 구조를 사용하여 작성하도록 지도해주세요.

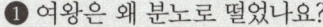

Questions for details

❶ 여왕은 왜 분노로 떨었나요?
정답 예시; The Glass said to her that Snow Drop was still fairer a thousandfold. (거울이 그녀에게 눈송이 공주가 여전히 천 배 더 예쁘다고 대답했다.)
Key words: the Glass, Snow Drop, still, fairer

❷ 여왕은 눈송이 공주를 죽이는 것에 어떤 비용이 들 것이라 생각했나요?
★정답 예시: She thought it would cost her own life. (그녀는 그것이 그녀 자신의 생명이라는 비용이 들 것이라고 생각했다.)
Key words: cost, her own life

❸ 여왕은 어디에서 독이 든 사과를 만들었나요?
She made it in a secret room, which no one ever entered but herself. (그녀는 그것을 그녀 자신 말고는 아무도 들어가본 적이 없는 비밀의 방에서 만들었다.)
Key words: secret, room

❹ 여왕은 눈송이 공주를 만나러 가기 위해 자기 자신을 무엇과 같이 옷을 입혔나요?

★정답 예시: She dressed herself like an old Peasant woman. (그녀는 자기 자신을 늙은 농부 아낙처럼 보이게 옷을 입혔다.)

Key words: old, peasant. woman

❺ 여왕은 눈송이 공주가 그 사과를 거절하자 무엇을 했나요?

★정답 예시: She cut the apple in half and ate the nonpoisonous half. (그녀는 사과를 반으로 잘라서 독이 들지 않은 반쪽을 먹었다.)

Key words: cut, half, ate, nonpoisonous

❻ 여왕이 사과를 먹는 것을 보고나서, 눈송이 공주는 무엇을 했나요?

★정답 예시: She stretched out her hand and took the poisoned half of the apple. (그녀는 그녀의 손을 뻗어서 독이 든 사과의 반쪽을 집었다.)

Key words: stretch out, took, poisoned

❼ 여왕이 집에 돌아왔을 때, 거울은 그녀에게 뭐라고 말했나요?

★정답 예시: The Glass finally said to the Queen that she was the fairest of them all. (거울은 마침내 여왕에게 그녀가 사람들 중에 가장 아름답다고 말했다.)

Key words: the fairest

❽ 난쟁이들은 눈송이 공주가 바닥에 누워 있는 것을 발견했을 때 무엇을 했나요?

★정답 예시: They unlaced her dress, combed her hair, and washed her with wine and water. (그들은 그녀의 드레스 끈을 풀고, 머리를 빗기고, 포도주와 물로 그녀를 씻겼다.)

Key words: unlaced, combed, washed

🍃 Grammar for writing

❶ No one has ever entered this haunted house but me.
   (no one ever A but B: B 말고는 그 누구도 A 한 적이 없다)

❷ Whoever visits this haunted house will be afraid of ghosts.
   (whoever: ~하는 누구든지)

❸ I put my hamster out of the cage.

(put A out of B: B를 A의 밖으로 빼내다)
❹ I played computer games so much that my father got rid of the computer.
(get rid of~ : ~을 없애다 / so~ that 구문을 사용하지 않고, 'Because I played computer games too much, my father got rid of the computer.'라고 써도 정답으로 인정합니다.)
❺ I saw ants building their house.
(see+A+~ing: A가 ~하고 있는 것을 보다)
❻ I cannot wait for the Halloween party any longer.
(cannot+동사원형+any longer: 더 이상 ~할 수 없다)
❼ Daddy asked me whether I would go camping or not.
(whether (or not): ~인지 아닌지)
❽ I found my friends playing soccer in the playground.
(find+A+~ing: A가 ~하고 있는 것을 발견하다)

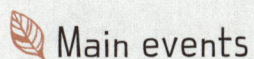 Main events

여왕은 거울에게서 눈송이 공주가 여전히 가장 아름답다는 이야기를 듣고 눈송이 공주가 살아 있다는 사실을 알게 되었고, 독이 든 사과를 만들어 늙은 농부 아낙으로 변장한 후 다시 난쟁이의 집을 찾아갔다.

↓

사과를 받지 않으려는 눈송이 공주에게 여왕은 독이 묻지 않은 쪽을 자신이 먹어 보이며 눈송이를 안심시켰다.

↓

독이 든 반쪽의 사과를 베어 문 눈송이 공주는 그 자리에서 쓰러졌고, 여왕이 돌아와 거울에게 다시 물었을 때 거울은 여왕이 가장 아름답다고 대답했다.

↓

집에 돌아와 쓰러져 있는 눈송이 공주를 발견한 난쟁이들은 눈송이 공주를 살리려고 여러 방법을 써보았지만 눈송이 공주는 살아나지 않았다.

◈ 정답 가이드

학생들이 선별한 주요 사건을 전체적으로 살펴보고 정답 예시에 나와 있는 사건들이 있는지 확인해주시기 바랍니다. 주요 사건들이 포함되어 있다면 주요 사건들의 묶음은 학생들이 자유롭게 배열해도 좋습니다.

 Summary

★정답 예시: The Queen found out Snow Drop was alive after hearing from the Glass that she was still the fairest. To kill Snow Drop, the Queen disguised herself as an old peasant woman with a poisoned apple and visited the Dwarfs' house again. With the Dwarfs' warning, Snow Drop did not want to take the apple but the Queen showed her that the apple was safe to eat by eating the non-poisoned half. Seeing the apple was not poisoned, Snow Drop ate the other poisoned half and fell down right away. The Queen finally heard that she was the fairest of all from the Glass and Snow Drop did not come to life in spite of all the efforts of the Dwarfs.

◈ 정답 가이드

주요 사건 간의 원인과 결과를 밝혀 전체적으로 매끄럽게 이야기가 진행되는 요약문을 쓰도록 지도해주시기 바랍니다.

영화 Summary 해석

▧ 독이 든 사과 바이러스 공격

시드니는 학교의 다양한 학생 집단들로부터 더 많은 지지를 얻고, 학교의 온라인 미인 순위에서도 가장 높은 순위를 유지한다. 타일러는 진심으로 시드니와 일곱 괴짜들에게 사과를 해서 화해를 하게 된다. 레이첼은 시드니를 또 다른 곤경에 처하게 할 계획을 세운다; 그녀는 전문 해커의 사무실을 찾아가 그에게 시드니의 정치학 기말 리포트 제출 기한과 학생회장 후보 토론회 하루 전에 그녀의 노트북을 공격하도록 만든다. 그 해커는 '독이 든 사과 바이러스'를 시드니의 하드 디스크에 퍼뜨리고 그 안에 있는 모든 파일을 지운다. 일곱 괴짜들은 하드 디스크를 복원시키려고 노력하지만 소용이 없다. 시드니는 좌절하고 어떻게 해야 할지 알지 못한다.

 Compare & contrast

★정답 예시:

	Questions	Snow Drop	Sydney White
1	Why did the Queen and Rachel plan another attack? (여왕과 레이첼은 왜 또 다른 공격을 계획했나요?)	The Queen's mirror said Snow Drop was still fairest. (여왕의 거울이 눈송이 공주가 여전히 가장 아름답다고 말했다.)	Sydney ran for the president and got a lot of support with increasing popularity. Tyler and Sydney made peace thanks to his sincere apology. (시드니가 회장 선거에 출마했고, 늘어나는 인기로 많은 지지를 받았다. 타일러와 시드니는 타일러의 진심어린 사과 덕택에 화해했다.)
2	What did each person make for the attack? (각 사람은 공격을 위해서 무엇을 만들었나요?)	The Queen made a half poisoned apple. (여왕은 반만 독이 든 사과를 만들었다.)	Rachel hired a professional hacker. He made a poisoned apple virus and spread it to Sydney's laptop. (레이첼은 전문 해커를 고용했다. 그 해커가 독이 든 사과 바이러스를 만들어서 시드니의 노트북에 퍼뜨렸다.)
3	Where did each person make their weapons? (각 사람은 자신들의 무기를 어디서 만들었나요?)	In the Queen's secret room, which no one ever entered but herself. (여왕 자신 말고는 아무도 들어가본 적 없는 비밀의 방 안에서)	In the hacker's office (해커의 사무실 안에서)

4	What happened after their attack? (공격이 있은 후에 무슨 일이 일어났나요?)	Snow Drop fell dead after putting a bit of the apple into her mouth. (눈송이 공주는 그 사과 약간을 입에 넣고 나서 죽은 듯이 쓰러졌다.)	The poisoned apple virus erased all the files in Sydney's hard drive. Sydney lost her politics final paper and presidential candidates discussion notes due tomorrow. (독이 든 사과 바이러스는 시드니의 하드 디스크에 있던 모든 파일들을 지웠다. 시드니는 당장 내일 필요한 정치학 기말 리포트와 회장 후보 토론회 자료를 잃었다.)
5	What did seven Dwarfs and Dorks do after the attack? (일곱 난쟁이들과 괴짜들은 공격이 있은 후에 무엇을 했나요?)	Seven Dwarfs lifted Snow Drop up, unlaced her dress, combed her hair and washed her with wine and water. (일곱 난쟁이들은 눈송이 공주를 들어올려서, 드레스를 벗기고, 머리카락을 빗고, 그녀를 포도주와 물로 씻겨주었다.)	Seven Dorks tried to restore the files but they failed. (일곱 괴짜들은 파일들을 복원하려고 노력했지만 실패했다.)

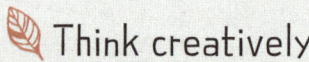
Think creatively

★정답 예시:

If I were Sydney, I would stay up all night to rewrite the final paper and discussion notes and try to beat Rachel at the presidential candidates discussion. Then, I would tell everyone at the discussion about what Rachel did. (내가 시드니라면 기말 페이퍼와 토론 자료들을 다시 쓰기 위해 밤을 새고, 회장 후보 토론회에서 레이첼을 이기려고 노력할 것이다. 그러고 나서, 나는 토론회에 온 모두에게 레이첼이 한 짓을 말할 것이다.)

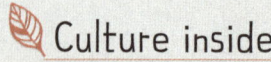
Culture inside

★정답 예시:

As an elementary student, I do my assignments by handwriting and submit it to the teachers. Teachers also give me hand-written feedback. Sometimes, I use my computer to do group projects, and share the results with my group members through the Internet. (초등학생인 나는 과제를 손으로 써서 하고, 직접 선생님들께 제출한다. 선생님들도 손으로 쓴 피드백을 나에게 주신다. 때때로, 나는 모둠 프로젝트들을 하기 위해 컴퓨터를 사용하고, 그 결과들을 인터넷을 통해 모둠 친구들과 공유하기도 한다.)

본문해석

26. 집에 돌아왔을 때 여왕은 그녀의 거울 앞에 서서 말했어요,
 "거울아, 벽에 걸린 거울아,
 우리들 중에 누가 가장 예쁘니?"
 그리고 거울은 평소처럼 대답했어요.
 "여왕님, 여기서는 당신이 가장 아름답습니다,
 그러나 저 언덕 너머의 눈송이가
 여전히 천 배는 더 아름답습니다.
 그녀는 지금 일곱 난쟁이들과 살고 있어요."
 거울이 이 말을 하는 것을 들었을 때, 그녀는 격분해서 몸을 떨었어요. "눈송이 공주는 죽을 것이다" 그녀는 말했어요, "비록 그것이 내 자신의 목숨이라는 비용이 들지라도."

27. 그러고 나서, 여왕은 그녀 자신 말고는 아무도 들어온 적이 없는 비밀의 방에 들어갔어요. 그녀는 거기서 독이 든 사과를 하나 만들었어요. 겉으로는 장밋빛 볼을 가진 그것은 바라보기에 아름다웠어요. 그것을 본 모든 사람은 그 사과를 원했지만, 그것을 먹은 사람은 누구든지 확실히 죽을 것이었습니다. 그 사과가 준비되었을 때, 여왕은 그녀의 얼굴을 색칠하고, 스스로를 늙은 농부 아낙처럼 옷을 입힌 뒤, 일곱 개의 언덕을 건너서 난쟁이의 집을 향해 갔습니다. 거기서 그녀는 문을 두드렸어요.

28. 눈송이 공주는 그녀의 머리를 창문 밖으로 빼내고 말했어요, "나는 누구도 들어오게 해

서는 안 돼요, 왜냐하면 일곱 난쟁이들이 금지했거든요."
"나한테는 모두 똑같단다," 늙은 농부 아낙이 말했어요. "나는 내 사과들을 없앨 것이야. 자, 내가 하나를 주마."
"안 돼요! 난 아무것도 가지면 안 돼요."
"독이 두려운 게냐?" 그 아낙은 말했어요. "봐라. 내가 이 사과를 반으로 자르마. 네가 빨간 쪽을 먹고, 내가 다른 한 쪽을 가지마."

29. 이제 그 사과는 너무나 교묘하게 칠해져 있어서, 오로지 붉은색 반쪽만 독이 들었어요. 눈송이 공주는 그 사과를 너무나 먹고 싶었어요. 농부 아낙이 독이 들지 않은 반쪽을 먹고 있고 있는 것을 보았을 때, 눈송이 공주는 더 이상 기다릴 수 없었습니다. 눈송이 공주는 그녀의 손을 뻗어 독이 든 반쪽을 집었어요. 그녀가 약간을 그녀의 입 속에 집어넣자마자, 바닥에 쓰러졌어요.
여왕은 크게 웃으며 말했어요, "눈처럼 희고, 피처럼 붉고, 흑단처럼 까만 눈송이 공주야, 이번에는 난쟁이들도 너를 다시는 일어나게 할 수 없다."

30. 여왕이 집에 돌아왔을 때, 거울에게 물었어요,
"거울아, 벽에 걸린 거울아,
누가 우리들 중에 제일 예쁘니?"
거울은 마침내 대답했어요,
"여왕님, 당신이 그들 중에 가장 아름다우십니다."
그러자 여왕의 질투심 많은 마음은 마침내 휴식을 취했어요. 난쟁이들이 저녁에 돌아왔을 때, 그들은 눈송이 공주가 바닥에 누워 있는 것을 발견했어요. 단 한 번의 숨결도 그녀의 입술에서 빠져나오지 않았어요. 그녀는 정말 죽었어요. 난쟁이들은 눈송이를 들어올려서, 독약이 남아 있는지 아닌지 들여다보았어요. 그들은 그녀의 드레스를 풀고, 머리카락을 빗고, 그녀를 포도주와 물로 씻었지만, 소용이 없었어요. 그들의 사랑스런 눈송이 공주는 죽고 말았어요.

Before You Read

▶ Vocabulary

Step 1

★정답:
❶ b ❷ c ❸ e ❹ a ❺ d

◈ 정답 가이드
❶ 한 드라큘라가 밤에 그의 관에서 나온다.
❷ 그 바다는 너무나 투명해서 나는 그 안에서 헤엄치고 있는 물고기들도 볼 수 있다.
❸ 샐리는 그녀의 가장 친한 친구의 죽음을 슬퍼하고 있다.
❹ 그 남자는 그녀의 등을 때림으로써 그녀의 목에 걸린 음식 한 조각을 제거하려고 노력한다.
❺ 그 신사는 그가 사랑하는 여인을 숭배한다.

Step 2

★정답:

❶ coffin: 관
❷ transparent: 투명한
❸ mourn: (죽음을) 슬퍼하다
❹ dislodge: 제거하다
❺ reverence: 숭배하다

▶ Topic preview

Step 1
질문: 장례식을 생각하면 무엇이 떠오르나요? 가능한 한 많이 써보세요.

307

★정답 예시:

(When I think of a funeral), a coffin, a tomb, the church, white flowers, black clothes, crying people, feeling sad, and tears (come to my mind).
→ 장례식을 생각하면, 관, 무덤, 교회, 하얀 꽃들, 까만 옷들, 우는 사람들, 슬픔을 느끼는 것과 눈물이 떠올라요.

◈ 정답 가이드

장례식이 떠오르게 하는 것들을 관, 묘지, 교회(성당), 검은 옷, 흰 꽃과 같은 사물뿐만 아니라 우는 사람들, 슬픈 기분, 눈물과 같은 감정까지도 자유롭게 쓸 수 있도록 지도해주세요.

Step 2

질문: 본문 31을 빠르게 읽어보세요. 본문 31은 누구의 장례식을 묘사하고 있나요? 이 장례식이 다른 장례식들과 같은 점, 혹은 다른 점은 무엇인가요?

★정답 예시:

Part 31 describes Snow Drop's funeral. (The similarities are) crying people and feeling sad. (The differences are) a transparent glass coffin and crying birds such as an owl, a raven and a dove.
→ 본문 31은 눈송이 공주의 장례식을 묘사한다. 이 장례식과 다른 장례식들과의 비슷한 점은 우는 사람들과 슬픔을 느끼는 것이다. 이 장례식과 다른 장례식들과 다른 점은 투명한 유리로 된 관과 올빼미, 까마귀 그리고 비둘기 같은 우는 새들이다.

◈ 정답 가이드

눈송이 공주의 장례식을 다른 장례식과 비교, 대조하는 문제입니다. 공통점의 키워드는 '슬픔, 눈물' 등이고, 차이점의 키워드는 '투명한 유리관, 슬퍼하는 새들'입니다.

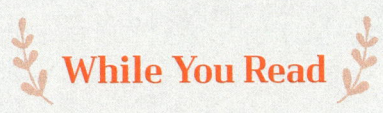
While You Read

··· 본문 31 ···

▶ Translate for yourself
★정답 예시:
❶ 그들은 그녀를 들 것 위에 눕히고, 일곱 명 모두가 앉아 3일 내내 그녀를 위해 슬퍼했다.
❷ 그래서 그들은 투명한 유리관이 만들어지게 시켰고, 그래서 그녀가 어느 곳에서나 보일 수 있었다.

▶ Story inside you
질문: 눈송이 공주를 땅에 묻을 수 없었던 난쟁이들은 그녀를 투명한 유리관에 넣었어요. 왜 그들이 그랬다고 생각하나요?

★정답 예시: (I think because they) wanted to see her whenever they wanted as if she had not died.
→ 내 생각에 그들은 그녀가 죽지 않은 것처럼 원할 때마다 그녀를 보고 싶었기 때문이에요.

◈ 정답 가이드

죽은 사람을 유리관에 넣는 것은 흔한 일이 아니지요(혹시 관이나 장례식에 대해 학생들이 잘 모른다면, 간략히 설명해주세요). 그리고 눈송이 공주가 유리관에 있었기 때문에 나중에 왕자님이 눈송이 공주를 알게 된 것이고요. 이 흥미로운 사건에 대해 학생들이 어떻게 생각하는지 자유롭게 이야기하도록 지도해주세요.

··· 본문 32 ···

▶ Translate for yourself
★정답 예시:
❶ 왕자가 숲을 돌아다니다가 밤을 보내기 위해 일곱 난쟁이의 집으로 오는 일이 벌어졌다.
❷ 그는 산 위의 관과 그 안에 있는 사랑스러운 눈송이 공주를 보고, 금색 글씨로 적힌 것을 읽었다.

▶ Story inside you
질문: 왜 왕자가 눈송이 공주가 있는 관을 갖기를 원했다고 생각하나요?
★정답 예시: (I think because) he wanted to bring her to the castle and save her again.
→ 나는 왕자가 그녀를 성으로 데려가 다시 살려내기를 원해서 그랬다고 생각한다.

◈ 정답 가이드
시체가 들어 있는 관을 가져가겠다는 왕자의 생각도 범상치는 않습니다. 아무리 예뻐도 죽은 사람인데 데려가기가 무서울 수도 있지요. 학생들이 왕자의 생각에 대해 어떻게 생각하는지 자유롭게 쓸 수 있도록 지도해주시기 바랍니다.

··· 본문 33 ···

▶ Translate for yourself
★정답 예시:
❶ "그러면 그것을 나에게 선물로 다오, 왜냐하면 나는 바라볼 눈송이 공주가 없으면 살 수 없거든, 그리고 내가 그 관을 나의 가장 소중한 보물로 경의를 표하고 숭배할게."
❷ 이제, 그들이 몇몇 덤불에 걸려 넘어지면서 그 충격이 눈송이 공주의 목에 걸린 사과조각을 제거하는 일이 벌어졌다.

🏹 Story inside you

질문: 여러분의 가장 소중한 보물은 무엇인가요? 그것이 여러분에게 왜 그렇게 소중한가요?

★정답 예시: (My dearest treasure is) my diary book (because) I have written down all my happy and unhappy secret moments of my life in it since I was six.

→ 나의 가장 소중한 보물은 일기장이다, 왜냐하면 나는 그 안에 나의 모든 기쁘고 기쁘지 않은 비밀의 순간들을 6살 때부터 적어왔기 때문이다.

◈ 정답 가이드

학생들이 개인적으로 소중하게 여기는 것이 무엇인지 자유롭게 써보는 활동입니다. 소중히 여기는 것은 굳이 물건일 필요는 없습니다. 물건이나 동물이나 사람이나 왜 그렇게 소중히 여기는지 소개하도록 지도해주세요.

🍃 Questions for details

❶ 왜 난쟁이들은 눈송이 공주를 땅에 묻을 수 없었나요?

★정답 예시: Because she looked so fresh as if she was still alive. (왜냐하면 마치 그녀가 여전히 살아 있는 것처럼 그녀가 생기 있었기 때문이다.)

Key words: fresh/living, alive

❷ 어떻게 왕자는 일곱 난쟁이의 집에 오게 되었나요?

★정답 예시: He was wandering in the wood and needed a place to stay over the night. (그는 숲을 돌아다니다가 밤을 보낼 곳이 필요했다.)

Key words: wander, night

❸ 왕자는 눈송이 공주가 있는 관을 보고 무엇을 난쟁이들에게 부탁했나요?

★정답 예시: He asked them to give the coffin to him. (그는 자신에게 그 관을 달라고 그들에게 부탁했다.)

❹ 왜 난쟁이들은 왕자의 요청을 받아들이기로 결정했나요?

★정답 예시: Because he really wanted to have Snow Drop and promised to cherish her as his most precious treasure. (왜냐하면 그가 정말로 눈송이 공주를 가지기를 원했고 그녀를 가장 소중한 보물로 아끼겠다고 약속했기 때문이다.)

◈ 정답 가이드

왕자가 눈송이 공주를 진심으로 간절하게 원했고, 소중히 하겠다는 약속을 했다는 내용이 들어가면 정답으로 간주합니다.

Key words: honor/reverence/cherish

❺ 어떻게 눈송이 공주는 다시 살아나게 되었나요?

★정답 예시: Prince's servants, who tried to carry the coffin on their shoulders, stumbled and put the shock on the coffin. With the shock, the piece of apple stuck in her throat was removed. (왕자의 하인들이 어깨에 올려 관을 옮기려다가 발을 헛디뎌서 관에 충격이 가해졌다. 그 충격으로 그녀의 목에 걸려 있던 사과조각이 제거되었다.)

◈ 정답 가이드

어떻게 눈송이 공주의 목에 걸려 있던 사과조각이 빠져나왔는지 그 과정이 들어가면 정답으로 간주합니다.

Key words: servants, stumble, apple

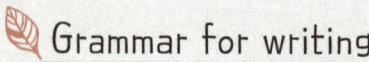 Grammar for writing

❶ Mom had her car repaired yesterday.
(have+A+p.p.: A가 ~되도록 시키다/만들다)

❷ It is necessary that each student should have a meeting with a teacher.
(가주어는 it, 진주어는 that 이하: 주어가 절이 되어 길어지면, 가짜 주어 it을 주어 자리에 두고, 진짜 주어는 that 절로 뒤에 나타낸다.)

❸ It became very cold overnight, so that I took out winter clothes.
(A, so that B: A 하다 그래서 B 하다)

❹ Dad used to lay me on the bed, when I fell asleep on the couch.
(lay-laid-laid: ~을 눕히다, (알을) 낳다
lie-lay-lain: ~에 눕다, 놓여있다
lie-lied-lied: 거짓말 하다)

❺ She is doing her homework very hard to be allowed to go to the amusement park tomorrow.
(부사적 용법의 to+동사원형: ~ 하기 위하여)

❻ I do not have enough time to practice playing the violin.
(형용사적 용법의 to+동사원형: ~ 할)

❼ Mom told me to send a postcard to my grandpa.
= Mom told me to send my grandpa a postcard.
(수여동사 A B = 수여동사 B to A: A에게 B를 주다)

❽ He was reading what was written on the bulletin board.
(what + be동사 + p.p.: ~된 것)

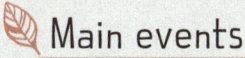 Main events

3일 동안 죽은 눈송이 공주를 애도한 후, 난쟁이들은 그녀를 땅에 묻지 않고 유리관에 넣어 계속 볼 수 있게 했다.

↓
숲에서 헤매다 난쟁이의 집에서 하룻밤을 묵으려던 왕자는 눈송이 공주의 관을 보고 그녀의 아름다움에 반해 그 관을 자신에게 달라고 간청했다.

↓
왕자의 진심에 감동한 난쟁이들이 허락한 후, 왕자의 신하들이 관을 옮기다가 실수로 관에 충격을 가하자 눈송이 공주의 목에 걸린 사과조각이 빠져나와 눈송이 공주가 다시 살아났다.

◈ 정답 가이드

본문은 세 부분으로 이루어졌지만 내용이 많은 과입니다. 여러 가지 사건들을 묶는 방법은 다양하겠지만, 정답 예시에 포함되어 있는 내용이 있는지 확인해주시기 바랍니다. 그리고 우리말로 쓰든 영어로 쓰든 본문의 내용을 그대로 옮기지 않고 학생들 자신의 해석이 담긴 말로 표현하는지 주의 깊게 살펴봐주세요.

 Summary

★정답 예시: After three-day mourning over Snow Drop's death, the Dwarfs put her in a glass coffin so that everybody could see her. Then a Prince walking around the wood came to their house to stay overnight and pleaded with them to give the coffin to him attracted by her beauty. The Dwarfs allowed him to take her away touched by his sincere request, and his servants tried to move the coffin and accidentally put a shock to the coffin. The shock removed the piece of apple stuck in her throat and she came to be alive again.

◈ 정답 가이드

7단원에서 설명한 대로 학생들의 언어로 'paraphrasing'을 잘하고 있는지 확인해주시기 바랍니다. 학생들이 어려워할 수 있으니, 한영사전을 사용하거나 동의어를 찾는 연습을 병행해주시기 바랍니다.

본문해석

31. 그들은 그녀를 들 것에 눕히고, 일곱 명 모두 앉아 3일 내내 그녀를 애도했어요. 그 후 그들은 그녀를 묻을 준비를 했습니다. 그러나 그녀는 너무 생기 있고 살아 있는 것처럼 보이고 여전히 아름다운 장밋빛 뺨을 띠고 있어서 그들은 "우리는 그녀를 어두운 땅에 묻을 수가 없어"라고 말했어요. 그래서 그들은 투명한 유리관을 만들어서 그녀가 사방에서 보일 수 있도록 했어요. 그들은 그녀를 안에 눕히고 금빛 글자로 그녀의 이름과 그녀가 어떻게 왕의 딸인지에 대해 관 위에 적었어요. 그 후 그들은 그 관을 산 밖에 내놓았고 그들 중 한 명은 항상 그 옆에서 그것을 지켰어요. 그리고 새들도 역시 와서 눈송이 공주를 위해 슬퍼했어요, 처음에는 올빼미가 그다음에는 큰 까마귀와 마지막으로는 비둘기가 왔어요.

32. 이제 눈송이 공주는 그녀의 관 속에서 오래 오래 누워 있었어요, 마치 그녀가 잠든 것처럼. 그러다 왕자가 숲을 돌아다니다가 밤을 지내기 위해 일곱 난쟁이의 집에 오는 일이 벌어졌어요. 그는 산 위에 있는 관과 그 안의 사랑스러운 눈송이 공주를 보고 금빛 글씨로 적힌 것을 읽었어요. 그러자 그는 난쟁이들에게 말했어요, "내가 저 관을 가져가게 해주게. 그것을 위해 자네들이 좋아하는 무엇이든 주겠네."

33. 하지만 그들은 말했어요, "우리는 세상의 모든 금을 다 준다고 해도 그 관을 포기하지 않을 겁니다." 그러자 그가 말했어요, "그럼 그것을 나에게 선물로 주게, 나는 바라볼 눈송이 공주가 없으면 살 수 없고 내가 그것을 나의 가장 소중한 보물로 경의를 표하고 숭배할 것이니." 그가 이 말을 하자, 착한 난쟁이들은 그를 가엾게 여겨 그에게 그 관을 주었어요. 왕자는 그의 신하들로 하여금 그들의 어깨 위에 관을 올려 옮기도록 명했어요. 이제 그들이 몇몇 관목에 걸려 넘어지면서 그 충격으로 인해 눈송이 공주의 목에 걸려 있는 사과조각이 빠져나오는 일이 벌어졌어요. 곧 그녀는 눈을 뜨고 관의 뚜껑을 올리고 일어나 완전히 다시 살아나게 되었어요.

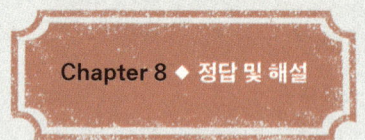

Chapter 8 ◆ 정답 및 해설

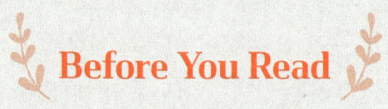

Before You Read

▶ Vocabulary

Step 1

★정답: ❶ c ❷ d ❸ a ❹ b

◆ 정답 가이드

❶ 그 두 사람은 마침내 서로에게 동의하고 악수를 한다.
❷ 나는 결혼식 잔치에서 맛있는 음식을 많이 먹었다.
❸ 엄마는 내 남동생이 그녀의 스마트폰으로 게임을 했기 때문에 벌을 주신다.
❹ 겨울에 우리는 난로를 사용하여 집을 가열한다.

Step 2

★정답:

❶ agree: 동의하다 ❷ feast: 잔치
❸ punishment: 벌, 처벌 ❹ heat: 가열하다

▶ Topic preview

Step 1

질문: 한 이야기의 끝에서는 대개 나쁜 사람이 벌을 받습니다. 사악한 여왕에게 여러분은 어떤 벌을 주고 싶나요? 친구들과 이야기해보세요.

★정답 예시: (The punishment I want to give to the Queen is) eating poisonous apple and falling dead like Snow Drop.
→ 내가 사악한 여왕에게 주고 싶은 벌은 눈송이 공주처럼 독이 든 사과를 먹고 쓰러져 죽는

것이다.

◈ 정답 가이드
빈칸을 동명사(~ing)나 to 부정사(to+동사원형)를 사용하여 시작하도록 지도해주세요.

Step 2
질문: 본문 35를 빠르게 읽어보세요. 여왕은 어떤 벌을 받았나요? 그 벌 이후에 그녀는 어떻게 되었나요?
★정답 예시: (The punishment the Queen received was) stepping in the red-hot iron shoes and dancing.
→ 여왕이 받은 벌은 빨갛게 달궈진 철 신발을 신고 춤을 추는 것이었다.
She fell down dead (after the punishment).
→ 그녀는 그 벌 이후에 쓰러져서 죽었다.

◈ 정답 가이드
키워드는 ❶ stepping on the red-how iron shoes/ the iron slippers heated over the fire ❷ dancing ❸ fell down dead입니다. 뜨겁게 달구어진 신발을 신고 춤을 추다가 쓰러져 죽었다는 내용이 들어가면 정답으로 인정합니다.

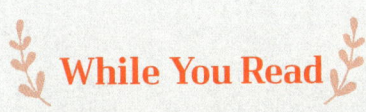 While You Read

··· 본문 34 ···

▶ **Translate for yourself**
★정답 예시:
❶ 왕자는 기쁨에 가득 차서 말했다, "당신은 나와 함께 있어요."

❷ 나는 당신을 온 세상보다 더 사랑한다.
❸ 눈송이는 찬성하고 그와 함께 갔고, 그들의 결혼식은 대단히 장엄하게 거행되었다.

▶▶ Story inside you
질문: 왜 사악한 여왕이 눈송이의 결혼식에 초대되었다고 생각하나요?

★정답 예시: (I think because) the Prince and Snow Drop wanted to punish her for what she had done to Snow Drop.
→ (내 생각에) 왕자와 눈송이가 여왕이 눈송이에 했던 짓에 대해 벌하기를 원해서 그랬던 것 같다.

◆ 정답 가이드
왕자가 눈송이와 여왕의 관계를 알고 있다는 사실이 여왕이 눈송이의 결혼식에 초대된 것과 밀접한 관련이 있습니다. 이는 뒤에 여왕이 눈송이의 결혼식에서 벌을 받아 죽게 되는 사건으로 이어지죠. 뒤의 내용을 읽기 전에 사건의 실마리를 파악하는 학생들의 생각을 확인하는 활동입니다.

··· 본문 35 ···

▶▶ Translate for yourself
★정답 예시:
❶ 그러자 그 사악한 여자는 저주를 퍼붓고는 너무 지독하게 겁이 나 무엇을 해야 할지를 몰랐다.
❷ 그녀는 눈송이를 알아보고 두려움과 공포에 사로잡혀 가만히 서 있었다.
❸ 그때, 철 슬리퍼가 불에 달궈져서 곧 집게로 가져와져서 그녀 앞에 놓였다.

▶▶ Story inside you
질문: 여왕이 그 벌을 받을 만했다고 생각하나요? 아니면 너무 잔인했나요?

★정답 예시: (I think) she deserved it because she tried to kill Snow Drop so many times.
→ 나는 그녀가 그 벌을 받을 만했다고 생각한다, 왜냐하면 그녀는 눈송이를 여러 번 죽이려고 했기 때문이다.

◆ 정답 가이드
여왕의 마지막에 대해서 학생들의 생각을 자유롭게 써보는 활동입니다. 질투에 눈이 먼 여왕의 심정을 더 이해하는 학생도 있을 수 있고, 여왕이 너무 사악해서 그런 최후를 맞을 만하다고 생각할 수도 있습니다. 학생들의 다양한 의견을 존중해주세요.

Questions for details

❶ 왕자는 눈송이 공주가 살아나자, 그녀에게 무엇을 요청했나요?
★정답 예시: He asked her to go to the castle with him and be his wife. (그는 그녀에게 성으로 자신과 같이 가서 아내가 되어달라고 부탁했다.)
Key words: castle, wife

❷ 사악한 여왕이 눈송이 공주의 결혼식에 갈 준비를 하고 있을 때, 그녀는 무엇을 했나요?
★정답 예시: She asked the Glass who was the most beautiful in the world as usual. (그녀는 평소처럼 마법 거울에게 누가 세상에서 가장 예쁜지 물어봤다.)
Key words: The Glass, fairest/prettiest/the most beautiful

❸ 왜 그 사악한 여왕은 거울이 하는 말을 듣고 지독하게 겁을 먹었나요?
★정답 예시: Because there was another woman who was fairer than her. (왜냐하면 그녀보다 더 아름다운 여자가 또 있었기 때문이다.)

◆ **정답 가이드**

이때까지만 해도 여왕은 그 젊은 여왕이 눈송이 공주인 것을 몰랐습니다. 다만 자신보다 유일하게 아름다운 눈송이 공주를 없앴다고 생각했는데, 또 다른 미인이 있다는 사실을 알고 여왕은 큰 충격과 두려움에 빠지게 되지요. 이러한 내용이 들어가면 모두 정답으로 간주합니다.

❹ 눈송이 공주의 결혼식에서 사악한 여왕에게 내려진 벌은 무엇이었나요?
★**정답 예시:** She had to put on the heated iron slippers and dance to death. (그녀는 달궈진 철 슬리퍼를 신고 죽을 때까지 춤을 춰야 했다.)

Key words: iron slippers, dance, death/dead

🍃 Grammar for writing

❶ My new house has been broken into three times so far.
(동사+전치사/부사 구문을 수동태로 바꿀 때 항상 같이 움직인다.)

❷ Mom likes to take a picture with sunglasses (on).
(with+명사: ~로, ~한 상태로)

❸ Jack, (who was) very tired, went straight to the bed.
(주격 관계대명사+be동사: 주격관계대명사는 생략되지 않지만, be 동사와 함께라면 생략될 수 있다.)

❹ The shocked child stood still in front of me.
(stand still: 가만히 서 있다)

❺ My mails are always picked up by my neighbors.
(동사+전치사/부사 구문을 수동태로 바꿀 때 항상 같이 움직인다.)

❻ Follow me with your eyes closed.
(with+명사: ~로, ~한 상태로)

❼ It was so cold that I could not go outside for two days.
(so A that ~ not: 너무 A해서 ~ 하지 않다)

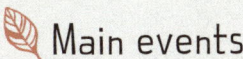 Main events

1. 겨울날 검은 창틀에서 바늘에 손이 찔려 핏방울이 눈 위에 떨어진 것을 본 여왕은 그 모습이 너무 예뻐서 눈 같이 하얗고 피와 같이 붉으며 창틀처럼 까만 아이를 가지기 원했다.

↓

2. 소원했던 눈송이라는 이름의 예쁜 공주를 얻었지만 여왕은 아이를 낳다가 죽었고 왕은 새 아내를 맞이했는데, 그녀는 진실을 말하는 거울을 갖고 있었다.

↓

3. 눈송이 공주가 자라나서 여왕보다 더 아름답다는 이야기를 거울에게서 들은 여왕은 사냥꾼에게 눈송이 공주를 죽이라고 했다.

↓

4. 사냥꾼은 살려달라고 애원하는 눈송이 공주를 죽이지 못하고 대신 새끼사슴을 죽여 증거를 여왕에게 바쳤다.

↓

5. 숲에서 혼자 헤매다가 일곱 난쟁이의 집으로 들어간 눈송이 공주는 착한 난쟁이들의 배려로 집안일을 해주며 함께 살게 되었다.

↓

6. 한편, 마법의 거울이 여전히 눈송이 공주가 가장 아름답다고 하는 이야기를 듣고 여왕은 눈송이 공주가 난쟁이들과 함께 살고 있다는 사실을 알게 되었다.

↓

7. 눈송이 공주를 직접 죽이기 위해 보따리장수로 변장한 여왕은 눈송이 공주에게 예쁜 레이스를 팔고 난 뒤 레이스를 묶어주겠다며 눈송이 공주의 목을 레이스로 묶어 죽였다.

↓

8. 쓰러져 있는 눈송이 공주를 발견한 난쟁이들은 끈을 끊어내 눈송이 공주를 살린 후, 아무도 집에 들이지 말라고 경고했다.

↓

9. 눈송이 공주가 살아 있음을 알게 된 여왕은 이번에는 독이 든 빗을 가져와 눈송이 공주의

321

머리에 꽂았고 눈송이 공주는 쓰러졌다.

↓

10. 하지만 이번에도 난쟁이들이 빗을 빼내어 눈송이 공주를 살려내었고, 여왕은 독이 든 사과를 들고 다시 눈송이 공주를 찾아왔다.

↓

11. 사과를 절대 먹지 않으려는 눈송이 공주를 안심시키기 위해 여왕은 독이 묻지 않은 쪽을 먹어 보여주었고, 안심한 눈송이 공주는 독이 묻은 쪽을 먹고 쓰러졌다.

↓

12. 난쟁이들은 이번에도 눈송이 공주를 살리려고 여러 방법을 써보았지만 공주는 살아나지 않았다.

↓

13. 3일 동안 눈송이 공주를 애도한 후, 난쟁이들은 그녀는 유리관에 넣어 돌보았는데, 숲을 헤매던 왕자가 눈송이 공주를 발견하고 그 관을 달라고 간청했다.

↓

14. 눈송이 공주에 대한 왕자의 사랑에 감동한 난쟁이들의 허락으로, 왕자의 신하들이 관을 옮기다가 실수로 관을 흔들면서 눈송이 공주의 목에 걸려 있던 사과조각이 튀어나와 눈송이 공주가 살아나게 되었다.

↓

15. 왕자와 눈송이 공주는 성에서 성대한 결혼식을 하게 되고 사악한 왕비도 초대를 받았다.

↓

16. 젊은 새 여왕이 가장 아름답다는 이야기를 거울에게서 들은 여왕은 너무나 두려워했지만, 결혼식에 참석해야 했고 거기서 눈송이 공주를 보고 너무 놀라고 두려워 그대로 서 있었다.

↓

17. 그때, 뜨겁게 달궈진 철 슬리퍼가 여왕 앞에 놓였고, 여왕은 형벌로 그 슬리퍼를 신고 죽을 때까지 춤을 췄다.

◆ 정답 가이드

정답 예시를 참고하여 학생들이 세부 사항을 최대한 줄이고 주요 사건 중심으로 전체 요약문의 틀을 잡을 수 있도록 지도해주시기 바랍니다.

Summary of Snow Drop

★정답 예시: In the winder, a Queen, who saw her blood from a pricked finger dropping on the white snow at a black window frame, hoped to have a baby, white as snow, red as blood, and black as a window frame. Although she had such a beautiful baby, called Snow Drop, she died giving birth and the King had a new wife who had a magic mirror telling the truth. Hearing that Snow Drop was more beautiful than herself, the new Queen ordered the huntsman to kill Snow Drop. However, he could not kill Snow Drop as she begged for life and gave the tokens to the Queen by killing a fawn instead. Wandering alone around the forest, Snow Drop came into seven Dwarfs' house and they let her stay with them if she did housework. Meanwhile, the wicked Queen found out Snow Drop was still alive by hearing from the mirror that Snow Drop was the fairest. To kill Snow Drop, the Queen disguised herself as a Pedlar selling laces and visited Snow Drop. When Snow Drop bought a lace, the Queen tied the lace tight around Snow Drop's neck and Snow Drop fell down. The Dwarfs untied the lace from Snow Drop's neck when they came back home, and warned her not to let anyone in. When the Queen found out Snow Drop came to life, she brought a poisoned comb and fix it on Snow Drop's hair. The Dwarfs, however, saved Snow Drop again by removing the comb from her hair. Lastly, the Queen visited Snow Drop with a poisoned apple, but Snow Drop firmly refused to eat it. When the Queen showed Snow Drop her eating the unpoisoned half of the apple, Snow Drop, who was relieved, had the poisoned half of the apple and fell down. The

Dwarfs tried to everything to save Snow Drop, but it was no use this time. Having moaned for Snow Drop for three days, the Dwarfs put her in a glass coffin and took care of her. A Prince, who was wandering around the forest, saw Snow Drop in the coffin, fell in love with her, and asked the Dwarfs to give the coffin to him. With the Dwarfs' permission touched by his sincere love, the Prince's servants moved the coffin and accidently shook it. The shock on the coffin removed the piece of apple in Snow Drop's neck and she came to life. The Prince and Snow Drop had a magnificent wedding celebration and the wicked Queen was invited. Hearing that the young Queen was the fairest of all from the mirror, the Queen was shocked and frightened. However, she had to attend the wedding and stood still with shock and fear seeing Snow Drop. At that time, heated iron slippers were put in front of the wicked Queen, and she had to wear the slippers and dance to death as punishment.

◆ 정답 가이드

긴 이야기를 요약하는 활동이기 때문에 전체적으로 매끄럽게 주요 사건들이 연결되는지 주의 깊게 확인해주시기 바랍니다. 학생들이 어려워할 수 있기 때문에, 다른 요약하기의 기술들을 엄격하게 적용하기보다 주요 사건의 흐름이 매끄러운지를 우선적으로 확인해주시고 그 부분이 되는 학생들에게 다른 기술도 지도해주시기 바랍니다.

영화 Summary 해석

🍃 행복한 결말

걸킨이 그의 노트북을 시드니에게 빌려주고, 시드니는 도서관에서 정치학 기말 레포트를 다시 쓰기 시작한다. 교수님에게 이메일로 기말과제를 보내고 난 후, 그녀는 잠이 들고 토론회 전까지 일어나지 못한다. 다행히도 타일러가 그녀를 도서관에서 발견한다. 그녀를 깨우기 위해서 타일러는 그녀의 입술에 키스를 한다. 토론회에서 시드니는 모든 사람은 어느 정도는 이상한 면이 있는데, 이상한 점이 있다는 이유만으로 그들이 불공정한 대우를 받아서는 안 된다고 강조했다. 좋은 연설 덕분에 시드니는 선거에서 이긴다. 시드니의 연설에 깊게 감명 받은 카파 회원들은 그들의 잘못을 뉘우치고 레이첼을 여학생 클럽에서 내쫓는다. 시드니와 일곱 괴짜들은 볼텍스를 리모델링한다. 타일러와 시드니는 행복한 커플이 되었다. 일곱 괴짜들은 더 이상 아웃사이더가 아니다. 그들 모두는 행복한 대학 생활을 즐긴다.

Compare & contrast

★정답 예시:

	Questions	Snow Drop	Sydney White
1	How did Snow Drop and Sydney wake up? (눈송이 공주와 시드니는 어떻게 깨어났나요?)	When the Prince's servants who carried Snow Drop's coffin stumbled over some brushwood, the piece of apple came out from Snow Drop's throat. (눈송이 공주의 관을 들었던 왕자의 신하들이 덤불에 걸려 휘청거리자, 눈송이 공주의 목에 걸려있던 사과 조각이 튀어나왔다.)	Tyler Prince found Sydney asleep in the library. He kissed her and she woke up. (타일러 프린스가 도서관에서 잠이 든 시드니를 발견했다. 그는 시드니에게 키스했고, 그녀는 깨어났다.)
2	What happened to them after they woke up? (깨어난 후에 무슨 일이 있었나요?)	Snow Drop married to the Prince and lived happily ever after. (눈송이 공주는 왕자와 결혼했고, 오래오래 행복하게 살았다.)	Sydney and Tyler became a happy couple and enjoyed their campus life. (시드니와 타일러는 행복한 커플이 되었고, 대학교 생활을 즐겼다.)
3	What happened to the Queen and Rachel? (여왕과 레이첼에게는 무슨 일이 일어났나요?)	The Prince invited the wicked Queen to the party and made her wear red-hot shoes. (왕자가 사악한 여왕을 파티에 초대해서 그녀에게 빨갛게 달아오른 철 신발을 신게 했다.)	Rachel lost the election and was kicked out of the Kappa sorority. (레이첼은 선거에서 졌고, 카파 여학생 클럽에서 쫓겨났다.)

Think creatively

★정답 예시:

	Dwarfs (난쟁이들)	How would they live after the story? (그들은 이야기 이후에 어떻게 살았나요?)
1	Sneezy	Sneezy didn't sneeze anymore because people helped him find herbs that could cure sneezing. (Sneezy는 사람들이 재채기를 고칠 수 있는 약초들을 찾는 걸 도와줘서 더 이상 재채기를 하지 않게 되었다.)
2	Sleepy	Sleepy became very diligent thanks to his friends who woke him up whenever he fell asleep. (Sleepy는 그가 잠이 들 때마다 깨워주는 친구들 덕분에 매우 부지런해졌다.)
3	Doc	Doc worked as a teacher and helped people learn new things. (Doc은 선생님으로 일해서 사람들이 새로운 것을 배울 수 있게 도와줬다.)
4	Dopey	Dopey became able to fix everything and worked as a plumber. (Dopey는 모든 것을 고칠 수 있게 되어서 배관공으로 일했다.)
5	Bashful	Bashful became more outgoing and got a girl friend. (Bashful은 더 외향적이 되어서 여자 친구가 생겼다.)
6	Happy	Happy became a famous comedian, who made everyone laugh. (Happy는 모든 사람들을 웃게 만드는 유명한 코미디언이 되었다.)
7	Grumpy	Grumpy monitored all of Snow Drop's servants and was finally hired as a manager of the servants. (Grumpy는 눈송이 공주의 하인들을 모두 감시해서 결국 하인들의 매니저로 고용되었다.)

◈ 정답 가이드

Snow Drop 이야기에는 나와 있지 않은 일곱 난쟁이들의 후일담을 각 난쟁이의 특징에 초점을 두고 자유롭게 구상하도록 지도합니다. 또한 시드니가 학생회장 후보 연설에서 강조했던 것처럼, 이상한 면이 있다는 이유로 소외당하는 사람이 없도록, 난쟁이들이 다른 사람들과 잘 어울려 살아가는 모습을 창의적으로 상상해보도록 지도하세요.

본문해석

34. "오 하늘이시여, 제가 어디에 있는 건가요?"라고 그녀가 물었다. 왕자는, 기쁨에 가득 차 말했어요, "당신은 나와 함께 있어요." 그는 무슨 일이 있었는지 말하고 난 뒤 말했어요, "나는 당신을 온 세상보다 더 사랑합니다. 나와 함께 나의 아버지의 궁전으로 가서 나의 아내가 되어주시오." 눈송이 공주는 찬성하고 그와 함께 갔고, 그들의 결혼식은 굉장히 훌륭하게 거행되었어요. 눈송이 공주의 사악한 계모도 그 잔치에 초대되었습니다. 그녀는 좋은 옷을 입었을 때, 거울 앞으로 걸어 나가 물었어요, "거울아, 벽에 걸린 거울아, 누가 우리 중 가장 아름다우냐?" 거울은 대답했어요, "여왕님, 여왕님께서 여기서는 가장 아름답다고 생각합니다. 하지만 젊은 여왕이 천 배는 더 아름답습니다."

35. 그러자 그 사악한 여자는 저주를 퍼붓고는 너무나 지독하게 두려워서 무엇을 해야 할지 몰랐어요. 그러나 그녀에게 휴식은 없었어요. 그녀는 가서 그 젊은 여왕을 만나야 할 의무가 있었어요. 그리고 그녀가 들어갔을 때 그녀는 눈송이 공주를 알아보고는 공포와 두려움에 사로잡혀 움직이지 못하고 그대로 서 있었어요. 그때, 철로 된 슬리퍼가 불 위에서 달궈졌고 곧 집게로 그녀 앞에 놓였어요. 그리고 그녀는 그 빨갛고 뜨거운 신발을 형벌로 신어야 했고 쓰러져 죽을 때까지 춤을 춰야만 했어요.